船舶工程材料
实验与学习指导

孔小东　陈　珊　苏小红　编

科学出版社

北京

内 容 简 介

本书为"海军院校重点教材"，全书分三篇。内容包括章节内容提要与学习要点、习题、课堂讨论和实验。

本书可作为本科院校、高职高专等机械类、近机类、船舶与海洋工程等专业学生的学习辅导教材。

图书在版编目（CIP）数据

船舶工程材料实验与学习指导/孔小东，陈珊，苏小红编. —北京：科学出版社，2015.2
 ISBN 978-7-03-043405-0

Ⅰ. ①船… Ⅱ. ①孔… ②陈… ③苏… Ⅲ. ①船用材料–高等学校–教学参考资料 Ⅳ. ①U668

中国版本图书馆 CIP 数据核字（2015）第 033206 号

责任编辑：吉正霞 罗 娟/责任校对：李晶晶
责任印制：高 嵘/封面设计：蓝 正

科 学 出 版 社 出版
北京东黄城根北街 16 号
邮政编码：100717
http://www.sciencep.com

武汉市首壹印务有限公司 印刷
科学出版社发行 各地新华书店经销
*
2015 年 3 月第 一 版 开本：787×1096 1/16
2015 年 3 月第一次印刷 印张：11 3/4
字数：266 000
定价：28.00 元
（如有印装质量问题，我社负责调换）

前　言

　　本书为"海军院校重点教材"，是《船舶工程材料》（孔小东主编，科学出版社出版）的配套教材，是根据"船舶工程材料"课程教学标准和教学基本要求编写的。

　　本书内容分为三个部分：①《船舶工程材料》各章的内容提要与习题；②课堂讨论教学设计与安排；③实验指导书。各章的内容提要部分主要阐述《船舶工程材料》各章的基本内容和学习重点，并在总结各章学习重点的基础上编列了大量习题，进一步突出重点，其中有填空、简答、判断、选择及综合类题，既促使学习者掌握课程的基本知识，又充分重视对实际生产问题的了解与分析。课堂讨论部分设计立足于组织学生有准备地讨论课程中的一些重点和难点，如铁碳平衡相图、钢的热处理、工业用钢及材料的选用等；通过课堂讨论，培养学生分析问题和解决问题的能力。实验指导书部分编写了 10 个实验，实验 1~实验 4 为基本实验，其余为选修实验；通过实验，促使学生在掌握理论知识的基础上，亲自动手检测材料常规性能，观察合金的微观组织，并根据材料的实际工作条件制订热处理工艺，以培养学生的实际操作能力、观察能力和分析问题能力等。

　　本书编写工作由孔小东、陈珊和苏小红共同完成，孔小东主编，负责内容设计、统稿；陈珊负责内容提要与习题、课堂讨论教学与安排部分的编写；苏小红负责实验指导书、部分习题的编写。

　　由于编者的知识和水平有限，书中难免存在不足，敬请读者批评指正，以便进行进一步的修改。

编　者
2015 年 1 月

前　言

目　　录

第一篇　内容提要和习题

绪　论

本篇介绍我国对材料发展的重大贡献和新材料新工艺的发展现状。

工程材料（学）是材料科学的实用部分，主要阐述用于制作工程结构和机器零件的结构材料的成分、组织、性能及应用方面的一般规律，其具体任务是为工程结构和机器零件的设计和使用提供正确选材和合理用材的基本原则、方法和知识；同时也为某些机械类、近机械类专业及相关学科提供必要的理论基础。

学习本课程的目的是：使学生获得有关工程材料的基本理论和基本知识，并初步了解材料分析的基本方法；了解常用工程材料的成分、工艺、组织和性能之间的关系；具备根据零件的工作条件和性能要求合理地选用机械工程材料的初步能力。

根据材料的本性或其结合键的性质可将工程材料分为金属材料、陶瓷材料、高分子材料和复合材料四大类。

本门课程的学习内容：金属学基本理论，包括晶体学、相图、相结构、组织等；钢的热处理；常用的材料，包括碳钢、合金钢、有色金属、非金属材料；材料的失效分析与选用。

需要了解学习主线：

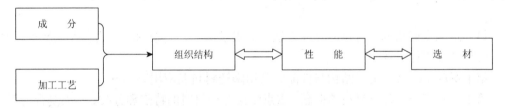

本章要求了解我国对材料发展的重大贡献以及材料的分类方法和类别。

各章重点要求论述如下。

第一章重点掌握各项力学性能指标的物理意义和工程意义。它们的单位及测试方法。了解各种硬度指标的定义及其区别，掌握洛氏硬度和布氏硬度、冲击吸收能量的测试方法。

第二章重点掌握关于晶体结构的基本概念、金属的三种典型晶格（体心立方、面心立方和密排六方晶格）和实际金属中的三类缺陷（点、线、面缺陷）。结晶是金属中各种转变的基础，结晶的形核和长大的概念、结晶的规律。本章应重点掌握结晶时形核和长大的过程、过冷度影响的规律和铸造时获得细晶的方法。

第三章重点掌握组元、相、组织、组织组成物等概念；固溶体和化合物的形成条件及结构、性能特点；匀晶相图和共晶相图的分析（包括杠杆定律的应用）及室温下的组织（会画示意图）；相图和性能的对应规律。重点掌握铁碳合金中的各种相和组织的本质和特性；铁碳相图的分析（特别是 *ECF*、*PSK*、*GS* 和 *ES* 等线的意义，相图所反映的成分—组织—性能的规律；相图的应用。

第四章重点掌握塑性变形的一种方式——滑移的特点及位错机制；几种不同的强化方式——固溶强化、第二相强化、位错强化等；加工硬化的本质及实际意义；再结晶的概念和应用；冷热加工的区别。

第五章主要包括热处理原理和工艺两方面。热处理原理中重点掌握冷却转变曲线的意义及用途；冷却转变和回火转变后的各种组织的本质、性能和形态的特点。对热处理工艺应抓住各种工艺的工艺—组织—性能—应用的规律和特点，掌握淬透性概念。对大量实际问题，要求能分析和处理，不要死记硬背。

第六章内容包括碳钢和铸铁两部分。要求掌握碳钢中的杂质元素种类及作用、碳钢的分类、牌号及不同用途。铸铁主要需掌握铸铁的石墨化、影响石墨化的因素及各种铸铁的牌号—组织—性能—应用的特点。

第七章内容包括合金化原理和具体钢种两部分。合金化原理中重点掌握合金元素对铁碳相图、钢的热处理过程的影响规律，进而理解合金元素对钢的组织和性能的影响规律。特别是对钢热处理后的影响。在具体钢种中主要掌握各类钢（以结构钢为主）的成分—处理—组织—性能—应用的各自特点和规律。结合前面所学的金属学、热处理的理论知识，着重于对问题的理解，不要死记。

第八章主要要求知道常用铝合金、铜合金和轴承合金的性能及用途的一般特点。时效硬化是有色金属的重要强化手段，对其原理应有所了解，并和前面钢的强化手段区分开来。

第九章应掌握高分子材料的合成方法、分类及命名、高聚物的结构和性能特点、改性、常见高分子材料及应用。

第十章应掌握其分类、结构与性能、常用陶瓷材料及应用。

第十一章应理解复合材料的概念，重点掌握复合材料的特点和分类、常用复合材料。

第十二章应理解材料的失效形式及特点，如何进行失效分析。

第十三章应掌握材料选用的三大原则。结合常用的船体结构材料、轴类材料、齿轮材料进行合理选材和工艺制定。应结合前面所学热处理、材料学等方面的知识进行综合考虑，根据不同服役条件进行选材。

第十四章应掌握船体结构材料、齿轮、轴类零件、弹簧的工作条件、失效形式、性能要求。正确合理地选用材料，制定相应的热处理工艺和加工工艺路线。

第一章 材料的力学性能

第一节 学习目的与要求

材料的力学性能直接决定着材料的用途,需要弄清不同载荷下的力学性能评定指标。

(1)材料在受力时的变形阶段。

(2)在受静拉伸载荷作用时,用强度指标及塑性指标进行评定。

(3)在承受压力时,几种不同的硬度测试方法及指标。

(4)受到冲击载荷作用时,用冲击吸收能量或冲击韧性值等指标来衡量。

第二节 内 容 提 要

材料的使用性能包括力学、物理和化学性能等;材料的工艺性能包括铸造、锻压、焊接、热处理和切削性能等。

材料的力学性能是材料在承受各种载荷时的行为。材料受外力作用时,一般会出现弹性变形、塑性变形和断裂三个过程。根据载荷性质的不同(如拉伸、压缩、冲击等),这些过程的发生和发展是不同的,评价材料力学性能的指标也有其特定的物理意义。

力学性能指标有强度(屈服强度、抗拉强度)、塑性(延伸率和断面收缩率)、硬度(布氏硬度、洛氏硬度、维氏硬度)、冲击韧性(冲击吸收能量、冲击韧性值)和疲劳强度。

本章要求掌握不同载荷下的性能评价指标及物理意义,各力学性能见表 1-1。

表 1-1 力学性能总表

性能名称	符号意义	单位	获得方法或含义	应用
弹性模量	正弹性模量 E	Pa (MPa)	在应力与应变的关系符合胡克定律时,应力与应变的比值 $E=\dfrac{R}{\varepsilon}$	用于刚度计算
	切弹性模量 G			
刚度	EF(拉压) EJ(弯曲) GJ(扭转)		材料抵抗弹性变形的能力。在比例极限以内计量	工程技术上,根据情况常以挠度(f)或扭转角(θ)来核算刚度,以免因零件过量弹性变形而失去精度或效用
强度	弹性极限 R_p	Pa (MPa)	试样能保持纯弹性变形的最大应力	弹性零件要求材料有高的弹性极限,一般零件不要求
	屈服极限 上屈服极限 R_{eH} 下屈服极限 R_{eL}		试样出现应力不再增加而变形仍在进行的现象时的应力。现在还规定了非比例延伸强度(R_p)、总延伸强度(R_t)、残余延伸强度(R_r)。	工具、模具和机械零件所受应力均小于屈服极限,否则将因塑性变形而失效,所以是强度计算的重要依据
	抗拉极限 R_m		能使试样保持最大均匀变形的极限应力 $R_m=\dfrac{F_m}{S_0}$	是强度计算的重要依据。零件所受应力超过 R_m 将产生断裂

续表

性能名称	符号意义		单位	获得方法或含义	应用
疲劳	疲劳强度 S		Pa（MPa）	试样在交变应力作用下，经无限次循环而不断裂的最大应力	从理论上看，零件所受应力低于疲劳极限时，其疲劳寿命是无限的；在工程上规定钢铁材料经 10^7 次循环，有色金属经 10^8 次循环以上，视为无限次循环
塑性	延伸率 A		%	试样被拉断后全标距长的伸长量与原标距长比值的百分率	A 与 Z 的数值越大，材料的塑性就越好；一般零件，均具有一定的塑性储备，以提高安全性；对于冲压件等，则要求有较高的塑性
	断面收缩率 Z			试样被拉断后，缩颈处横截面积的收缩量与原横截面积比值的百分率 $Z = \dfrac{\Delta S}{S_0} \times 100\%$	
韧性	冲击吸收能量 KV_2		J	冲断试样后所消耗的冲击吸收能量	KV_2 值越大，冲击韧性越好
	多冲抗力		以抗冲次数或抗冲能力表示	试样由原始至断裂全过程所消耗的冲击吸收能量	反映材料抵抗小能力的多次冲击的能力，耐冲次数越多，韧性越好
硬度	布氏硬度 HBW		不注单位	在一定压力下将直径为 D 的钢球压入被测金属表面，测出压坑直径后，查表得硬度值	测量硬度为 8～450HBW 范围的钢铁、有色金属及其合金材料
	洛氏硬度	HRC	不注单位	在 1500N 压力下，将 120°金刚石锥体压入被测金属表面，去除主加载荷后，直接读出硬度值	
		HRA	不注单位	只是载荷为 600N，其他同 HRC	
		HRB	不注单位	载荷 1000N 压头为 $\phi1.588$ 钢球，其过程同 HRC 的测定	
	维氏硬度 HV		不注单位	在规定压力下，将 136°的金刚石正四棱锥压入被测金属表面，测出压痕对角线平均长度后，查表得硬度值	主要用于测极薄件及薄层表面硬化件等

第三节 习 题

一、填空题

1. 材料的物理性能包括_____、_____、_____、_____、_____、_____等。

2. 屈服点表示的是材料抵抗_____的能力；抗拉强度表示的是材料抵抗_____的能力；刚度表示的是材料抵抗_____的能力。

3. 圆形标准拉伸试样分为_____和_____。长试样为_____，短试样为_____。

4. 常用的测试硬度的方法有_____、_____、_____。

5. 屈服点用符号_____表示；抗拉强度用符号_____表示；断后伸长率用符号_____表示；断面收缩率用符号_____表示；洛氏硬度用符号_____表示；布氏硬度用符号_____表示；维氏硬度用符号_____表示；冲击韧性用符号_____表示。

6. 检验淬火钢成品件的硬度一般用_____硬度，检测退火件、正火件和调质件的硬度常用_____硬度，检验氮化件和渗金属件的硬度采用_____硬度试验。

7. 表征材料抵抗冲击载荷能力的性能指标是_____，其单位是_____。

8. 材料常用的塑性指标有_____和_____两种，其中_____表示塑性更接近材料的真实变形。

9. 材料主要的工艺性能有_____、_____、_____和_____。

二、判断题（正确的在括号内画"√"，错误的在括号内画"×"）

（　　）1. 机器中的零件在工作时，材料强度高的不会变形，材料强度低的一定会产生变形。

（　　）2. 屈服点是表征材料抵抗断裂能力的力学性能指标。

（　　）3. 所有的金属材料均有明显的屈服现象。

（　　）4. 屈服点是材料发生屈服时的平均应力。

（　　）5. 抗拉强度是材料断裂前承受的最大应力。

（　　）6. 某材料的硬度为 250～300HBW。

（　　）7. HRA 表示的是洛氏硬度的 A 标尺。

（　　）8. 材料的强度高，其硬度一定高，刚度一定大。

（　　）9. 强度高的钢，塑性、韧性一定差。

（　　）10. 弹性极限高的材料，所产生的弹性变形大。

（　　）11. 洛氏硬度的单位是 mm。

（　　）12. 材料韧性的好坏只取决于材料的成分，与其他因素无关。

（　　）13. 测试 HBW 用硬质合金球做压头。

（　　）14. 布氏硬度可以用来测成品或半成品的硬度。

（　　）15. 降低零件的表面粗糙度和高频淬火可以提高疲劳强度。

（　　）16. 金属在外力作用下产生的变形都不能恢复。

（　　）17. 一般低碳钢的塑性优于高碳钢，而硬度低于高碳钢。

（　　）18. 低碳钢、变形铝合金等塑性良好的金属适合于各种塑性变形加工。

（　　）19. 硬度试验测量简便，属非破坏性试验，且能反映其他力学性能，因此是生产中最常用的力学性能测量法。

（　　）20. 材料韧性的主要判据是冲击吸收能量。

（　　）21. 一般金属材料在低温时比高温时的脆性大。

（　　）22. 金属的工艺性能好表明加工容易，加工质量容易保证，加工成本也较低。

（　　）23. 低碳钢的焊接性能优于高碳钢。

（　　）24. 材料综合性能好，是指各项力学性能指标都是最大的。

（　　）25. 材料的强度与塑性只要化学成分一定，就不变了。

三、选择题（单选）

1. 下列力学性能指标中，对组织不敏感的是（　　）。

　A. 硬度　　　　B. 刚度　　　　C. 塑性　　　　D. 抗拉强度

2. 测试 HRC 时，压头应选择（　　）。

　　A. 顶角为 120°的金刚石圆锥体　B. 直径为 1.588mm 的淬火钢球

　　C. 直径为 10mm 的硬质合金球　D. 直径为 10mm 的淬火钢球

3. 断后伸长率用符号（　　）表示。

　　A. R_{eH}　　　　B. R_m　　　　C. A　　　　D. Z

4. 测试洛氏硬度时，用（　　）计算硬度值。

　　A. 压痕直径　　B. 压痕面积　　C. 残余压痕深度增量　D. 压痕深度

5. 材料抵抗塑性变形和断裂的能力称为（　　）。

　　A. 强度　　　　B. 硬度　　　　C. 塑性　　　　D. 弹性

6. 用拉伸试验可测定金属的（　　）。

　　A. 强度　　　　B. 硬度　　　　C. 塑性　　　　D. 强度和塑性

7. 一般工程图样上常标注材料的（　　），作为零件检验的主要依据。

　　A. 强度　　　　B. 硬度　　　　C. 塑性　　　　D. 疲劳强度

8. 承受（　　）作用的零件，使用时可能出现疲劳断裂。

　　A. 静拉力　　　B. 静压力　　　C. 冲击力　　　D. 交变应力

9. 金属材料抵抗塑性变形的能力主要取决于材料的（　　）。

　　A. 冲击韧性　　B. 弹性　　　　C. 塑性　　　　D. 强度

10. 现有一碳钢支架刚性不足，可有效解决此问题的方法是（　　）。

　　A. 改用合金钢　　　　　　　　B. 改用另一种碳钢

　　C. 进行热处理改性　　　　　　D. 改变该支架的截面与结构形状尺寸

11. 金属材料的力学性能指标中，"200HBW"是指（　　）。

　　A. 硬度　　　B. 弹性　　　C. 强度　　　D. 塑性

12. 有关零件图图纸上，出现了几种硬度技术条件的标注方法，正确的标注是（　　）。

　　A. HBS650～700　　　　　　B. HBS=250～300kg·f/mm^2

　　C. HRC15～20　　　　　　　D. HRC45～70

13. 在设计拖拉机缸盖螺钉时应选用的强度指标是（　　）。

　　A. R_m　　　B. R_{eH}（R_{eL}）　C. $R_{r0.2}$　　　D. R_p

14. 疲劳试验时，试样承受的载荷为（　　）。

　　A. 静载荷　　　　B. 冲击载荷　　　　C. 交变载荷

15. 洛氏硬度 C 标尺使用的压头是（　　）。

　　A. 淬硬钢球　　　B. 金刚石圆锥体　　　C. 硬质合金球

四、简述题

1. 什么是力学性能？金属的力学性能包括哪些方面？

2. 什么是强度和塑性？在拉伸实验中表示强度和塑性的指标主要有哪几种？说明各种指标的物理意义及其单位。

3. 力学性能的强度指标中，有了 R_p 为何还要制定出 $R_{p0.2}$？有了 $R_{p0.2}$，为什么还要

制定 R_m？

4. 有一低碳钢试样，原试样长为 100mm，直径为 10mm，在载荷为 21000N 时屈服，试样断裂前的最大载荷为 30000N，拉断后长度为 133mm，断裂处最小直径为 6mm，试计算 R_{eH}（R_{eL}）、R_m、A、Z。

5. 什么是韧性？KV_2 表示什么意义？量纲是什么？

6. 机械零件在工作条件下可能承受哪些负荷？这些负荷对零件产生什么作用？

7. 能否通过增加零件的尺寸来提高其弹性模量？

8. 常用哪几种硬度实验？如何选用？硬度实验的优点何在？

9. 如果在图纸上出现下面几种硬度技术指标的标注，判断是否正确？原因何在？

　　①HBS250～280　　　　　　　②30～50HRC

　　③240～280HRC　　　　　　④600～650HBS

10. 下列几种工件应该采用何种硬度实验法测定硬度？

　　①锉刀　　　　　　　　　　②供应状态的各种碳钢钢材

　　③硬质合金刀片　　　　　　④耐磨工件的表面硬化层

11. 设计刚性好的零件，应根据何种指标选择材料？采用何种材料为宜？

12. 常用的硬度方法有哪几种？其应用范围如何？这些方法测出的硬度值能否进行比较？

13. 有一碳钢制支架刚度不足，有人要用热处理强化方法；有人要另选合金钢；有人要改变零件截面形状解决。哪种方法合理？为什么？

14. 试比较布氏、洛氏、维氏硬度的特点，指出各自最适用的范围。下列几种工件的硬度适宜哪种硬度法测量：淬硬的钢件、灰铸铁毛坯件、硬质合金刀片、渗氮处理后的钢件表面渗氮层的硬度。

第二章　材料的结构与结晶

第一节　学习目的与要求

金属的结构影响金属的性能。这方面的概念是本章最基本的概念，必须理解掌握。

（1）材料中的结合键定义及种类。

（2）建立金属的理想晶体模型。

（3）熟知三种常见的金属典型晶格及其重要参数。

（4）解释单晶体和多晶体结构和性能的特点。

（5）知道实际晶体中的缺陷及其对性能的影响。

（6）清楚结晶的条件、概念和基本过程。

（7）知道影响结晶过程的主要因素及获得细晶粒的方法。

（8）了解实际铸锭组织的特点及形成原因。

第二节　内容提要

一、材料的结构

组成物质的质点（原子、分子或离子）靠彼此之间相互作用联系在一起，这种使其稳定结合在一起的作用力称为结合键。工程材料的结合键分为离子键、共价键、金属键和分子键四种，还有特殊的分子键-氢键。金属材料由金属键结合，其内部的金属离子在空间有规则的排列，因此固态金属一般情况下均是晶体。固态金属有下列特性：良好的导电、导热性；良好的塑性；不透明、有光泽；正的电阻温度系数。高分子材料的结合键是共价键和分子键。复合材料可以有三种或三种以上的结合键存在。

1）晶体与非晶体

金属晶体的空间排列方式，是通过原子中心假想连线构成的空间格子（晶格又称点阵）来描绘。晶格结点为原子所处的平衡位置。组成晶格的最小单元称为晶胞。晶胞在空间重复排列，形成整个晶体。

2）三种常见金属的晶体结构

金属材料的结合键主要是金属键。金属材料基本都是晶体，绝大多数金属由体心立方、面心立方和密排六方这三种典型结构构成。

体心立方晶格（胞）：晶格常数 $a=b=c$、$\alpha=\beta=\gamma=90°$，晶胞原子数为 2 个，原子半径 $r=\dfrac{\sqrt{3}}{4}a$，致密度为 68%，典型代表金属有：α-Fe、Cr、Mo、W、V 等。

面心立方晶格（胞）：晶格常数 $a=b=c$、$\alpha=\beta=\gamma=90°$，晶胞原子数为 4 个，原子半径 $r=\dfrac{\sqrt{2}}{4}a$，致密度为 74%，典型代表金属有：γ-Fe、Al、Cu、Au 等。

密排立方晶格（胞）：晶格常数 $a=b$，$c/a=1.633$，$\alpha=\beta=90°$，$\gamma=120°$晶胞原子数为 6 个，原子半径 $r=\frac{1}{2}a$，致密度为74%，典型代表金属有 Zn、Mg、α-Ti 等。

3）晶面与晶向

晶面与晶向可用晶面指数与晶向指数来表达。不同晶面、不同晶向上的原子排列情况不同。

体心立方晶格的最密面为{110}，最密方向为〈111〉。

面心立方晶格的最密面为{111}，最密方向为〈110〉。

密排六方晶格的最密面为{0001}，最密方向为〈11$\bar{2}$0〉。

4）实际金属中的缺陷

实际金属中含有点缺陷（空位、间隙原子、置换原子）、线缺陷（位错）和面缺陷（晶界、亚晶界）三类晶体缺陷。缺陷具有以下特征。

几何特征：从物质粒子的排列角度来看，所有缺陷都导致晶体点阵的局部破坏。在缺陷区及缺陷附近造成了点阵的畸变。严重时造成局部的无序排列。

能量特征：缺陷的畸变区，原子离开了它们的平衡位置，致使这个区域的能量升高，相对于无畸变区是不稳定的区域。位错密度增加，材料强度增加。

二、金属的结晶

1. 材料的凝固过程

材料由液态变成固态有两种形式。一种是以金属及其化合物和陶瓷等材料为代表，具有固定的熔点和凝固点，凝固后的固体是晶体，这种凝固过程称为结晶。另一种材料以玻璃、聚合物为代表，这类液体在冷却过程中逐渐变硬，固化后的物质是非晶体。不同物质所发生的凝固过程是随条件而变化的。从理论上讲，任何物质都有可能出现两类凝固过程。液态金属的结构不同于气体，是短程有序的。金属的结晶过程是原子之间由短程有序过渡为长程有序的过程。金属材料实际结晶温度总是低于该金属的熔点。这样，理论结晶温度（凝固点）与实际结晶温度之差称为过冷度。过冷度就是结晶过程的驱动力。液态金属结晶的条件是要有一定的过冷度，结晶过程的推动力是液相和固相之间的自由能差。

液态金属结晶由两个基本过程构成：结晶核心的形成和核心的长大。在一定的过冷度下，从金属液体中以一定的速度产生晶核，同时生成的晶核以一定的线速度长大，在已有晶核不断长大的同时，又不断出现新的晶核并长大，直到整个体积的金属结晶完毕。

晶核的形成有两种方式：自发形核和非自发形核。自发形核的速度与过冷度的大小有关，过冷度越大，形核率 N 越大。非自发形核是按"结构相似，大小相当"的原则，利用金属液中未溶的固体微粒或加入的变质剂而形核的，所以非自发形核比自发形核容易。在实际金属和合金中，非自发形核往往起优先主导的作用。

晶体的长大有平面长大和树枝状长大两种方式。晶体的长大方式决定于散热条件。如果铸模壁温度较低，晶体长大时，通过固相模壁散热，固液界面是等温的，晶体按平面长大的方式长大。如果模内金属液均迅速过冷，靠近模壁的液体首先形核发生结晶并释放结晶潜热，则固液界面温度最高，潜热在各个方向均匀散出，晶体按树枝状长大方式长大，实际金属多为树枝晶结构。在结晶过程中，如果液体供应不充分，金属最后凝固的树枝晶之间的间隙不会被填满，往往有缩孔和疏松等缺陷存在。实际金属结晶时，一般均以树枝状长大方式长大。

2. 晶粒大小的控制

金属的晶粒大小对其性能影响很大。常温下金属的晶粒越细小，其强度、硬度、塑性和韧性越好。为了得到细晶组织，可采用增大液态金属的过冷度、变质处理、振动和搅拌等办法。在目前所能达到的过冷度情况下，过冷度增大，形核率（N）与晶核的长大速度（G）的比值增加，晶粒细小。变质处理又称为孕育处理，就是在液态金属中加入能成为非自发生核的物质，促进形核，达到细化晶粒的目的。振动和搅拌为液体生核提供能量，促进形核，还能打碎正在生长的树枝晶，碎晶块又可成为新的晶核，从而使晶粒细化。

铸锭明显地分为三个各具特征的晶区：细等轴晶区，在金属的表层形成的一层厚度不大，晶粒很细的细晶区；柱状晶区，优先长大方向与散热最快方向的反方向一致的晶核，向液体内部平行长大所形成的晶区；粗等轴晶区，各个方向均匀长大的等轴晶区。

3. 凝固理论的应用

熔融态的物质固化时，可以获得晶体、微晶体、非晶体或它们的混合物。影响非晶体凝固形成的主要因素有两个，即熔体的黏度和冷却速度。高黏度的熔体，凝固时容易形成非晶体。冷却速度越快，晶核来不及形成，就会得到非晶体。增大冷却速度或采取急冷技术可使绝大多数物质固化为非晶态。

快速凝固技术的出现和应用，为新材料的研究创造了条件，相继出现了非晶态合金、微晶合金、准晶合金和纳米晶体等。它们的组织结构与常规的晶态物质相比有很大的差别。如非晶态合金是液体连续整体凝固所得到的。由于无相界和晶界，无位错与成分偏析，所以具有很高的室温强度、硬度和刚度，并且有高的抗腐蚀性（高电阻率、高磁导率、低磁损和低的声波衰减率等）。微晶合金、准晶合金和纳米晶材料都有其奇特的功能，日益受到人们的重视并进行大力开发，从而进一步拓宽了材料的应用领域。

第三节　习　　题

一、填空题

1. 工程材料的结合键有_____、_____、_____和_____。

2. 金属具有良好的导电性、导热性、塑性和金属光泽主要是因为金属原子具有_____的结合方式。

3. 金属原子的结构特点是_____。

4. α-Fe 的晶格类型为_____。

5. γ-Fe 的晶格类型为_____。

6. 在体心立方晶格中，密排面是_____，密排方向是_____。在面心立方晶格中，密排面是_____，密排方向是_____。

7. 体心立方晶格、面心立方晶格、密排六方晶格中一个晶胞中所含原子数分别为_____、_____、_____。

8. 在立方晶系，{112}晶面族包括_____等晶面；〈110〉晶向族包括_____等晶向。

9. 点缺陷有_____、_____和_____三种；面缺陷中存在大量的_____。

10. 金属晶体中最主要的面缺陷是_____和_____。

11. 晶体中的位错是一种_____缺陷。

12. 位错分为两种，它们是_____和_____；多余半排原子的是_____位错。

13. 金属的结晶包括_____和_____两个基本过程。

14. 金属结晶时晶粒的细化可以通过_____、_____和_____等途径来实现。

15. 典型铸锭组织的三个晶区由铸锭表面至心部分别为_____、_____、_____。

16. 理论结晶温度与实际结晶温度之差 ΔT 称为_____。

17. 金属的实际结晶温度_____其理论结晶温度，这种现象称为_____。

18. 金属结晶时，冷却速度越快，则晶粒越_____。

19. 金属在结晶过程中，冷却速度越大，则过冷度越_____，晶粒越_____，强度越_____，塑性越_____。

20. 金属学中，通常把金属从液态过渡为固体晶态的转变称为_____，而把金属从一种固态过渡为另一种固体晶态的转变称为_____。

二、判断题

（　　）1. 晶体中的原子在空间是有序排列的。

（　　）2. 因为单晶体是各向异性的，所以实际应用的金属材料在各个方向上的性能也是不相同的。

（　　）3. 金属多晶体是由许多结晶方向相同的单晶体组成的。

（　　）4. 金属在固态下都具有同素异构转变。

（　　）5. 面心立方晶格中最密的原子面是{111}，原子排列最密的方向也是〈111〉。

（　　）6. 纯铁加热到 912℃时将发生 α-Fe 向 γ-Fe 的转变，体积会发生膨胀。

（　　）7. 金属结晶时，冷却速度越大，结晶后晶粒越细小。

（　　）8. 纯金属和合金的结晶都是在恒温下进行的。

（　　）9. 金属理想晶体的强度比实际晶体强度稍高一些。

（　　）10. 凡是由液体凝固成固体的过程都是结晶过程。

（　　）11. 纯金属结晶时，形核率随过冷度增大而不断增大。

（　　）12. 纯金属的实际结晶温度与其冷却速度有关。

（　　）13. 室温下，金属的晶粒越细，则强度越高，塑性越低。

（　　）14. 金属由液态转变成固态的结晶过程，就是由短程有序状态向长程有序状态转变的过程。

（　　）15. 实际金属和合金中，自发形核常常起着优先和主导的作用。

（　　）16. 当形成树枝状晶体时，枝晶的各次晶轴将具有不同的位向，故结晶后形成的枝晶是一个多晶体。

（　　）17. 从热力学上讲，所有的晶体缺陷都使畸变能升高，即都是非平衡态。

（　　）18. 从热力学上讲，理想晶体没有晶体缺陷，即没有晶格畸变能，即为平衡状态。

（　　）19. 晶体中原子偏离平衡位置，就会使晶体的能量升高，因此能增加晶体的强度。

三、选择题

1. 金属键的一个基本特征是（　　　）。

　　A. 没有方向性　　　　　　　　B. 具有饱和性

　　C. 具有择优取向性　　　　　　D. 没有传导性

2. 常见金属铜室温下的晶格结构类型（　　　）。

　　A. 与 Zn 相同　　　　　　　　B. 与 δ-Fe 相同

　　C. 与 γ-Fe 相同　　　　　　　D. 与 α-Fe 相同

3. 在面心立方晶格中，原子密度最大的晶向是（　　　）。

　　A. 〈100〉　　　B. 〈110〉　　　C. 〈111〉　　　　　　D. 〈121〉

4. 在体心立方晶格中，原子密度最大的晶面是（　　　）。

　　A. ｛100｝　　　B. ｛110｝　　　C. ｛111｝　　　　　　D. ｛121｝

5. 金属锌室温下的晶格类型为（　　　）。

　　A. 体心立方晶格　　　　　　　B. 面心立方晶格

　　C. 体心六方晶格　　　　　　　D. 密排六方晶格

6. 实际晶体的线缺陷表现为（　　　）。

　　A. 晶界　　　　　B. 位错　　　　C. 空位和间隙原子　　D. 亚晶界

7. 晶体中的间隙原子属于（　　　）。

　　A. 面缺陷　　　B. 体缺陷　　　C. 线缺陷　　　　　　D. 点缺陷

8. 晶体中的位错属于（　　　）。

　　A. 体缺陷　　　B. 点缺陷　　　C. 线缺陷　　　　　　D. 面缺陷

9. 亚晶界的结构（　　　）。

　　A. 由点缺陷堆集而成　　　　　B. 由位错垂直排列成位错墙面构成

　　C. 由晶界间的相互作用构成　　D. 由杂质和空位混合组成

10. 晶界、亚晶界是实际晶体材料晶体缺陷中的（　　　）。

　　A. 面缺陷　　　B. 体缺陷　　　C. 线缺陷　　　　　　D. 点缺陷

11. 多晶体具有（　　　）。

　　A. 各向同性　　B. 各向异性　　C. 伪各向同性　　　　D. 伪各向异性

12. 过冷度是金属结晶的驱动力，它的大小主要取决于（　　　）。

　　A. 化学成分　　　B. 冷却速度　　　C. 晶体结构　　　　　D. 加热温度

13. 下列物质由液体凝固成固体的过程都是结晶过程的是（　　　）。

　　A. 铜、氯化钠、玻璃、水银

　　B. 石蜡、玻璃、铜、铝

　　C. 铜、铝、水银、氯化钠

14. 固溶强化的基本原因是（　　　）。

　　A. 晶格类型发生变化　　　　　B. 晶粒变细

　　C. 晶格发生滑移　　　　　　　D. 晶格发生畸变

15. 金属结晶时，冷却速度越快，其实际结晶温度将（　　　）。

　　A. 越高　　　　　　　B. 越低　　　　　C. 越接近理论结晶温度

16. 为细化晶粒，可采用（　　　）。

　　A. 快速浇注　　　　　B. 加变质剂　　　　C. 以砂型代替金属型

17. 铸造条件下，冷却速度越大，则（　　　）。

　　A. 过冷度越大，晶粒越细　　　B. 过冷度越小，晶粒越细

　　C. 过冷度越大，晶粒越粗　　　D. 过冷度越小，晶粒越粗

18. 实际金属结晶时,通过"控制"形核率 N 和长大速度 G 的比值来控制晶粒大小,要获细晶，应当是（　　　）。

　　A. N/G 很大　　　　　　B. N/G 很小　　　　　C. N/G 居中

19. 金属发生结构改变的温度称为（　　　）。

　　A. 临界点　　　　　　　B. 凝固点　　　　　C. 过冷度

20. 固态金属的结构特征是（　　　）。

　　A. 近程有序排列　　　　　　　B. 远程有序排列

　　C. 完全无序排列　　　　　　　D. 部分有序排列

21. 一块多晶体材料应包含有足够多的（　　　）。

　　A. 不同化学组成的晶粒

　　B. 成分相同但晶体结构不同的晶粒

　　C. 原子排列方位不同的晶粒

22. 一个晶胞是（　　　）。

　　A. 晶格的最小单元，它在空间规则地重复排列时构成晶格

　　B. 晶格中原子排成的最小立方体

　　C. 一个晶胞应包含有最少数目的原子

　　D. 可以被观察到的最小原子组合体

23. 原子半径是指（　　　）。

　　A. 实际原子中最外层电子到原子核的距离

　　B. 晶胞中相距最近的两个原子间距离之半

24. 下列晶胞哪个致密度最大（　　　）。

　　A. hcp　　　　　　　B. bcc　　　　　　　　C. fcc

25. 晶格缺陷是指（　　　）。

　　A. 晶体中的裂纹、孔洞等

　　B. 晶体中偏离理想晶体的地方

26. 在相同的浇注温度下浇注相同的铸件，晶粒较小的是（　　　）。

　　A. 金属型浇注　　　　B. 砂型浇注　　　　　　C. 金属型浇注附加振动

27. 金属结晶时，冷却速度与晶粒大小的关系是（　　　）。

　　A. 冷却速度越大，晶粒越细

　　B. 冷却速度越大，晶粒越粗

　　C. 两者无关

四、简述题

1. 金属晶体的常见晶格有哪三种？α-Fe、γ-Fe 各是什么晶格？

2. 实际金属晶体中存在哪些晶体缺陷？它们对性能有什么影响？

3. 常见的金属晶胞有哪几种？试画出它们的晶胞结构，并比较它们的原子排列情况。

4. 在立方晶格结构中，一平面通过 $Y=1/2$，$Z=3$ 并平行于 X 轴，它的晶面指数是多少？绘图表示出来。

5. 绘示意图说明什么是单晶体和多晶体？解释单晶体各向异性，而多晶体在一般情况下不显示各向同性。

6. 已知 Cu 的原子直径为 2.56Å，求 Cu 的晶格常数，并计算 $1mm^3$ 中 Cu 的原子数。

7. 计算体心立方铁在室温下的密度。已知其原子半径为 1.24Å，并把计算结果与实验值 $7.87g/cm^3$ 进行比较。

8. 面心立方铁的点阵常数等于 3.63Å，而其密度为 $7.8g/cm^3$，试计算铁的相对原子质量。

9. 立心体方晶格中的 {110} 晶面包括哪些原子排列相同而空间位向不同的晶面？请绘图表示。

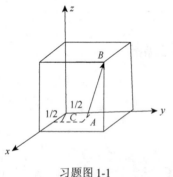

习题图 1-1

10. 在立方晶体结构中，一平面在三坐标轴上的截距分别为−3、1、2，试确定其晶面指数。

11. 画出体心立方、面心立方和密排六方晶格中原子最密排晶面和晶向，求出其单位面积和单位长度上的原子数（只需画一个面及其上的一个晶向）。

12. 画图表示晶面｛110｝、｛111｝和晶向〈100〉、〈110〉、〈111〉。

13. 立方晶体结构中，AB 晶向如习题图 1-1 所示，求 AB 的晶向指数。

14. 标出习题图 1-2 中阴影线晶面的晶面指数，并标出 OK、OJ、OL 的晶向指数。

15. 在建立原子晶体的模型中，对原子的形状作如何基本假设？为什么这种假定不适用于分子？

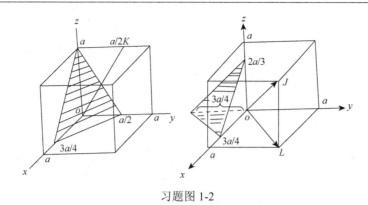

习题图 1-2

16. 何谓同素异构现象？试以 Fe 为例阐述之。试分析 γ-Fe 向 α-Fe 的体积变化情况。

17. 简述晶界的结构及特性。

18. 非晶体的结构有何特点？性能怎样？

19. 简述缩孔及疏松产生的原因及防止措施。

20. 缩孔与缩松对铸件质量有何影响？为何缩孔比缩松较容易防止？

21. 如果其他条件相同，试比较在下列铸造条件下铸锭晶粒的大小：

（1）金属模浇注和砂模浇注；

（2）高温浇注和低温浇注；

（3）铸成薄件和铸成厚件；

（4）浇注时采用振动和不采用振动。

22. 铸锭组织特征如何？产生的原因是什么？如何控制柱状晶区和等轴晶区？

23. 过冷度与冷却速度有何关系？为什么金属结晶一定要有过冷度？它对晶粒大小有何影响？

24. 已知钛在 20℃时，具有密排六方晶胞的体积是 $0.16nm^3$，其轴比 $c/a=1.59$，求 a 与 c 的值和钛在晶胞底面中的原子半径。

第三章 合金相图

第一节 学习目的与要求

本章概述了两种元素在平衡状态下各种可能的相结构；介绍各种不同类型的二元相图；分析了不同相图上典型合金的结晶过程；并简述了合金的性能与成分、内部组织结构之间的关系；重点需要学习铁碳合金及铁碳相图。

学完本章后应能够达到以下要求。

（1）懂得固溶体和化合物的本质区别及性能特点，了解它们各自的形成条件。

（2）掌握建立相图的方法。

（3）熟练地分析匀晶相图和固溶体的结晶过程，并用示意图表示。

（4）熟练地分析共晶相图和具有共晶体的合金的结晶过程，并用示意图表示。

（5）对其他类型的相图有一个基本的了解。

（6）正确运用杠杆定律。

（7）理解合金的性能与相图的对应关系。

（8）熟悉铁碳相图、相图中点、线和区的意义，了解铁碳合金的分类，会分析典型铁碳合金的结晶过程。

（9）弄清楚铁碳合金的成分、组织和性能之间的关系，即随含碳量的变化，其组织和性能的变化规律。

（10）弄清楚组元、相、组织、相组成物、组织组成物的概念。

第二节 内容提要

1. 合金的相结构

合金是指由两种或两种以上的金属或金属与非金属组成的具有金属特性的物质。组成合金的物质称为组元。合金中凡成分相同、结构相同并与其他部分有界面分开的均匀组成部分称为相。合金中有两类基本相：固溶体和金属化合物。

1）固溶体

组元在固态下互相溶解，形成一种在某种组元（溶剂）的晶格中包含有其他元素（溶质）原子的新相，称为固溶体。固溶体的晶格与溶剂元素晶格相同。

间隙固溶体：溶质原子在溶剂的间隙位置。

置换固溶体：溶质原子在溶剂中处于节点位置。

置换固溶体中，若溶质和溶剂原子可无限互溶，则称为无限固溶体；若溶质和溶剂原子有限互溶，则称为有限固溶体。

2）金属间化合物

金属化合物是组元在固态上相互作用而生成的一种新的物质，它的结构不同于任一组元的结构，但具有明显的金属性质。可分为如下四类。

正常价化合物：这种类型的化合物组成元素之间是严格按照原子价规律结合的。

电子化合物：按照一定电子浓度组成的晶体结构。

间隙相：具有简单晶格结构的间隙化合物。

间隙化合物：具有复杂晶体结构的化合物。

2. 合金相图

1）二元合金相图

合金相图是研究合金结晶过程特点及合金组织变化规律的重要工具，又称为合金平衡图或合金状态图，表示在平衡状态下，合金的组成相和温度、成分之间关系的图解。二元合金的基本相图有匀晶相图、共晶相图、包晶相图、共析相图等。从液相中结晶出固溶体的反应称为匀晶反应。由一种液相在恒温下同时结晶出两种固相的反应称为共晶反应。由一种液相和一种固相在恒温下生成另一种固相的反应称为包晶反应。由一种固相转变成完全不同的两种相互关联固相的反应称为共析反应。合金处于两相时，可用杠杆定律计算出两种相分别在合金中的质量分数。几种基本的相图如表 1-2 所示。

表 1-2　几种最基本的相图

相图类型	相图特征	转变式	说明
匀晶		$L \longrightarrow \alpha$	一种液相在变温过程中转变成一种固相
共晶		$L \longrightarrow (\alpha + \beta)$	一种液相在恒温下转变成两种不同的固相
共析		$\gamma \longrightarrow (\alpha + \beta)$	一种固相在恒温下转变成两种不同的固相
包晶		$\alpha + L \longrightarrow \gamma$	一种液相加一种固相在恒温下转变成一种新的固相
化合物		$L \longrightarrow K$	垂线的顶点是化合物的熔点，垂线的垂足是化合物的成分

合金的工艺性能、使用性能与相图有密切的关系。

金属在固态下随温度的改变，由一种晶格转变为另一种晶格的现象，称为同素异构转变。同素异构转变也包括形核与长大过程，也有一定的转变温度，并有潜热产生。由于同素异构转变是在固态下发生的，原子的扩散要比在液态下困难得多，致使同素异构转变具有较大的过冷度。另外，由于晶格不同，其原子排列密度不同，因而同素异构转变会使物质的体积发生变化，并产生较大的内应力。同时因为同素异构转变时，新晶格的晶核最容易在晶界处形成。铁的同素异构转变温度点分别为 1394℃和 912℃。

2）铁碳相图

铁碳相图是研究钢和铸铁的基础，对于钢铁材料的应用以及热加工和热处理工艺的制定具有重要的指导意义。

铁碳合金相图由三部分（包晶、共晶、共析）组成，如书中的铁碳合金相图所示。其中共析部分最为重要，其次是共晶部分。铁碳合金相图各区域的相组成和组织组成的表示见教科书。Fe-Fe₃C 相图中的基本组元为 Fe 与 Fe_3C，存在五种相：液相 L、δ 相、γ 相、α 相、Fe_3C 相。

利用铁碳合金相图可对钢铁材料进行分类，根据铁碳相图对典型铁碳合金结晶过程进行分析，确定在室温下合金的组成物和组织组成物，利用杠杆定律计算相组成物和组织组成物在合金中所占的质量分数，总结如表 1-3 所示。可根据铁碳相图研究铁碳合金的成分、组织、性能之间的关系。

表 1-3　碳钢合金成分、组织、性能小结表

铁碳合金分类		室温含碳量/%	组织及符号	相或组织的本质	显微组织示意图及特征	大致力学性能
工业纯铁		<0.02	铁素体（极少量的二次渗碳体忽略不计）（F）	碳溶于 α-Fe 中的固溶体	F　　Fe₃C_Ⅲ　晶界 F（白块） Fe₃C_Ⅲ（晶界上的小白条，量极少，忽略不计） 晶界（黑色网络）	HB=80 R_m=180～230 MPa A=30%～50%
钢	亚共析钢	0.02～0.77	铁素体+珠光体（F+P）	铁素体和珠光体的混合组织	P　　F F（白块） P（黑块或层状块）	由 F 和 P 的性能和它们的相对数量可近似估算
	共析钢	0.77	珠光体（P）	含 0.77%C 的奥氏体在 727℃进行共析反应生成的铁素体与渗碳体的机械混合物	P　　P P（黑白相间的指纹状组织。黑条 Fe₃C 约占12%，白底 F 约占88%）	HB=180 R_m=75MPa A=20%～25%
	过共析钢	0.77～2.11	珠光体+二次渗碳体（P+Fe₃C_Ⅱ）	珠光体和渗碳体的混合组织	P　　Fe₃C_Ⅱ P（层状或模糊层状块） Fe₃C_Ⅱ（沿晶界分布的白色网状）	HB 可以估算，但 R_m 和 A 降低

续表

铁碳合金分类		室温含碳量/%	组织及符号	相或组织的本质	显微组织示意图及特征	大致力学性能
白口铸铁	亚共晶铸铁	2.11～4.3	珠光体+二次渗碳体+莱氏体（P+Fe₃C_Ⅱ+Le）	珠光体、渗碳体和莱氏体的复杂混合组织	P（黑色大块状，呈树枝状分布）Le 和 Fe₃C_Ⅱ（在大块珠光体周围，呈白色，与莱氏体中的渗碳体连成一体，无法区别）	HB 可以估算，R_m 和 A 降低很多
	共晶铸铁	4.3	莱氏体（Le）	含4.3%C的液体在1148℃进行共晶反应生成的奥氏体和渗碳体（室温下是珠光体和渗碳体）的共晶混合物	Le（白色基体为渗碳体，短条状黑点为珠光体。P 约占 40%，Fe₃C 约占 60%）	HB=560 R_m 大大降低，A 接近于零
	过共晶铸铁	4.3～6.67	一次渗碳体+莱氏体（Fe₃C_Ⅰ+Le）	莱氏体和渗碳体的混合组织	Fe₃C_Ⅰ（白色粗针）Le	HB 可估算，R_m 极低，A=0%
渗碳体		6.67	渗碳体（Fe₃C）	铁和碳的化合物 Fe₃C	Fe₃C_Ⅰ（白色针状，在过共晶铸铁中）Fe₃C_Ⅱ（白色网状，在过共析钢中）Fe₃C_Ⅲ（小短片状，在铁素体中）很少，难见到共晶 Fe₃C（在莱氏体中，为白色基体）共析 Fe₃C（在珠光体中黑条状）	HB=800 R_m =30MPa A=0%

工业纯铁的室温平衡组织为 F，由于其强度低、硬度低，不宜用做结构材料。

共析钢的室温平衡组织全部为 P。亚共析钢室温平衡组织为 F+P。过共析钢室温平衡组织为 Fe₃C_Ⅱ+P。碳钢的强韧性较好，应用广泛。

Fe-Fe₃C 相图在生产中具有很大的实际意义，主要应用在钢铁材料的选用和加工工艺的制定两个方面。

第三节 习 题

一、填空题

1. 间隙相的性能特点是熔点_____、硬度_____。
2. 随着固溶体中溶质原子含量增加，固溶体的强度、硬度_____。
3. 碳溶解在_____中所形成的间隙固溶体称为奥氏体。
4. 碳溶解在_____中所形成的间隙固溶体称为铁素体。
5. 渗碳体的晶体结构是_____，按其化学式铁与碳原子的个数比为_____。
6. 铁素体的力学性能特点是_____。
7. 渗碳体的力学性能特点是_____。
8. 珠光体的本质是_____的机械混合物。
9. 共晶反应的特征是_____，其反应式为_____。
10. 共析反应的特征是_____，其反应式为_____。

11. 共析钢的室温平衡组织为_____。

12. 亚共析钢的含碳量越高，其室温平衡组织中的珠光体量_____。

13. 在室温平衡状态下，碳钢随着其含碳量的增加，韧、塑性_____。

14. 在铁碳合金的室温平衡组织中，渗碳体相的含量是随着含碳量增加而_____。

15. 在退火态的 20 钢、45 钢、T8 钢、T13 钢中，K 和 a_k 值最高的是_____钢。

16. 铸造合金的流动性与成分有关，共晶成分合金的流动性_____。

17. 合金的结晶范围越_____，其流动性越好。

18. 同种合金，凝固温度范围越大，铸件产生缩松的倾向_____。

19. 固溶体的强度和硬度比溶剂的强度硬度_____。

20. 二元合金的杠杆定律中，杠杆的端点是所求的_____或_____的成分，杠杆的支点是_____的成分。

21. 当固溶体合金结晶后出现枝晶偏析时，先结晶出来的树枝主轴，含有较多的_____组元。

22. 实际生产中，若要将钢热锻和热轧，必须把钢加热到_____相区。

23. 在缓慢冷却条件下，含碳 0.8% 的钢比含碳 1.2% 的钢硬度_____、强度_____。

24. 共析成分的铁碳合金室温平衡组织是_____，其组成相是_____。

25. 一块纯铁在 912℃ 发生 α-Fe→γ-Fe 转变时体积将_____。

二、选择题

1. 间隙固溶体与间隙化合物的（　　　）。
   A. 结构相同、性能不同　　　　　B. 结构不同、性能相同
   C. 结构和性能都相同　　　　　　D. 结构和性能都不相同

2. 固溶强化的基本原因是（　　　）。
   A. 晶格类型发生变化　　　　　　B. 晶粒变细
   C. 晶格发生滑移　　　　　　　　D. 晶格发生畸变

3. 固溶体和它的纯金属组元相比（　　　）。
   A. 强度高，塑性也高些　　　　　B. 强度高，但塑性低些
   C. 强度低，塑性也低些　　　　　D. 强度低，但塑性高些

4. 间隙相的性能特点是（　　　）。
   A. 硬度高、熔点低　　　　　　　B. 熔点高、硬度低
   C. 硬度高、熔点高　　　　　　　D. 硬度低、熔点低

5. 间隙固溶体与间隙化合物的（　　　）。
   A. 结构相同，性能不同　　　　　B. 结构不同，性能相同
   C. 结构和性能都相同　　　　　　D. 结构和性能都不相同

6. 两组元组成固溶体，则固溶体的结构（　　　）。
   A. 与溶剂相同　　　　　　　　　B. 与溶质相同
   C. 与溶剂、溶质都不相同　　　　D. 两组元各自结构的混合

7. 利用杠杆定律可以计算合金中相的相对质量，杠杆定律适用于（　　　）。
　　A. 单相区　　　　B. 两相区　　　　C. 三相区　　　　D. 所有相区

8. 共晶反应是指（　　　）。
　　A. 液相——→固相 1+固相 2　　　　B. 固相——→固相 1+固相 2
　　C. 从一个固相内析出另一个固相　　　D. 从一个液相内析出另一个固相

9. 共析成分的合金在共析反应 γ ——→α+β 刚结束时，其相组分为（　　　）。
　　A.（α+β）　　B. α+β　　　　C. γ+α+β　　　　D. γ+（α+β）

10. 具有匀晶型相图的单相固溶体合金（　　　）。
　　A. 铸造性能好　　　　　　　　　B. 焊接性能好
　　C. 锻造性能好　　　　　　　　　D. 热处理性能好

11. 在 912℃ 以下具有体心立方晶格的铁称为（　　　）。
　　A. γ-Fe　　　　B. δ-Fe　　　　C. α-Fe　　　　D. β-Fe

12. 具有面心立方晶格的铁称为（　　　）。
　　A. γ-Fe　　　　B. β-Fe　　　　C. α-Fe　　　　D. δ-Fe

13. 下列组织中，硬度最高的是（　　　）。
　　A. 铁素体　　　B. 渗碳体　　　　C. 珠光体　　　　D. 奥氏体

14. 铁素体的力学性能特点是（　　　）。
　　A. 强度高，塑性好，硬度高　　　　B. 强度低，塑性差，硬度低
　　C. 强度高，塑性好，硬度低　　　　D. 强度低，塑性好，硬度低

15. 碳在铁素体中的最大溶解度为（　　　）。
　　A. 0.0218%　　B. 2.11%　　　　C. 0.77%　　　　D. 4.3%

16. 碳在奥氏体中的最大溶解度为（　　　）。
　　A. 0.77%　　　B. 0.0218%　　　C. 2.11%　　　　D. 4.3%

17. 奥氏体是（　　　）。
　　A. C 在 γ-Fe 中的间隙固溶体　　　B. C 在 α-Fe 中的间隙固溶体
　　C. C 在 α-Fe 中的无限固溶体　　　D. C 在 γ-Fe 中的无限固溶体

18. 渗碳体的力学性能特点是（　　　）。
　　A. 硬而韧　　　B. 硬而脆　　　　C. 软而韧　　　　D. 软而脆

19. 下列组织中，硬度最高的是（　　　）。
　　A. 渗碳体　　　B. 珠光体　　　　C. 铁素体　　　　D. 奥氏体

20. 铁碳合金中，共晶转变的产物称为（　　　）。
　　A. 铁素体　　　B. 珠光体　　　　C. 奥氏体　　　　D. 莱氏体

21. 共析反应是指（　　　）。
　　A. 液相——→固相1+固相2　　　　B. 固相——→固相1+固相2
　　C. 从一个固相内析出另一个固相　　　D. 从一个液相内析出另一个固相

22. 一次渗碳体是从（　　　）。
　　A. 奥氏体中析出的　　　　　　　B. 铁素体中析出的
　　C. 珠光体中析出的　　　　　　　D. 钢液中析出的

23. 二次渗碳体是从（　　　）。
　　A. 铁素体中析出的　　　　　　　　B. 钢液中析出的
　　C. 奥氏体中析出的　　　　　　　　D. 珠光体中析出的

24. 珠光体是一种（　　　）。
　　A. 两相混合物　　　　　　　　　　B. 单相固溶体
　　C. Fe 与 C 的化合物　　　　　　　 D. 金属间化合物

25. 亚共析钢的含碳量越高，其平衡组织中的珠光体量（　　　）。
　　A. 越多　　　　B. 越少　　　　　C. 不变　　　　D. 无规律

26. 合金的化学成分对流动性的影响主要取决于合金的（　　　）。
　　A. 凝固点　　　B. 凝固温度区间　C. 熔点　　　　D. 过热温度

27. 在发生 L $\longrightarrow$ α+β 共晶反应时，三相的成分（　　　）。
　　A. 相同　　　　B. 确定　　　　　C. 不确定　　　D. L 确定，其他不确定

28. 共析成分的合金在共析反应 γ $\longrightarrow$ α+β 刚结束时，其组成相为（　　　）。
　　A. γ+α+β　　　B. α+β　　　　　C.（α+β）　　　D. γ+α+β+（α+β）

29. 一个合金的室温组织为 α+β$_\text{II}$+（α+β），其组织组成物为（　　　）。
　　A. α、β　　　B. α、β$_\text{II}$、（α+β）　C. α、β、β$_\text{II}$　D. β$_\text{II}$、（α+β）

30. 二元合金在发生 L $\longrightarrow$ α+β 共晶转变时，其相组成是（　　　）。
　　A. 液相　　　　B. 单一固相　　　C. 两相共存　　D. 三相共存

31. 产生枝晶偏析的原因是由于（　　　）。
　　A. 液固线间间距很小，冷却缓慢　　B. 液固线间间距很小，冷却速度快
　　C. 液固线间间距大，冷却缓慢　　　D. 液固线间间距大，冷却速度大

32. 45 钢在室温下，铁素体相在整个合金中占的百分数为（　　　）。
　　A. $\dfrac{6.69-0.45}{6.69-0.0218}\times100\%$　　　　　　B. $\dfrac{6.69-0.45}{6.69-0.008}\times100\%$

　　C. $\dfrac{0.77-0.45}{0.77-0.0218}\times100\%$　　　　　　D. $\dfrac{0.77-0.45}{0.77-0.008}\times100\%$

33. 碳含量为 0.45% 的钢在室温下，珠光体在整个合金中占的百分数为（　　　）。
　　A. $\dfrac{0.45-0.008}{0.77-0.008}\times100\%$　　　　　　B. $\dfrac{0.45-0.008}{2.11-0.008}\times100\%$

　　C. $\dfrac{0.45-0.008}{4.3-0.008}\times100\%$　　　　　　D. $\dfrac{0.45-0.008}{0.69-0.008}\times100\%$

34. 能进行锻造的铁碳合金有（　　　）。
　　A. 亚共析钢　　B. 共析钢　　　　C. 过共析钢　　D. 亚共晶白口铸铁

35. 同素异构转变伴随着体积的变化，其主要原因是（　　　）。
　　A. 晶粒度发生变化　　　　　　　　B. 过冷度发生变化
　　C. 晶粒长大速度发生变化　　　　　D. 致密度发生变化

三、判断题

（　　　）1. 合金固溶体的强度和硬度，比组成固溶体的溶剂金属的强度和硬度高。

（　　）2. 置换固溶体和间隙固溶体均可形成无限固溶体。

（　　）3. 间隙相不是一种固溶体，而是一种金属间化合物。

（　　）4. 间隙固溶体一定是无限固溶体。

（　　）5. 铁素体的本质是碳在 α-Fe 中的间隙相。

（　　）6. 珠光体是单相组织。

（　　）7. 平衡结晶获得的 40%的 Cu-Ni 合金比 20%的 Cu-Ni 合金的强度、硬度要高。

（　　）8. 在共晶合金相图中，从 L 中结晶出来的 β 晶粒与从 α 中析出的 $β_{II}$具有相同的晶体结构。

（　　）9. 在 Fe-Fe$_3$C 相图中，凡发生共晶反应的铁碳合金称为白口铁；凡发生共析反应的铁碳合金称为钢。

（　　）10. 如果一个合金的室温组织为 α+$β_{II}$+（α+β），那么它是由三相组成的。

（　　）11. 杠杆定律只适合两相区。

（　　）12. 凡组织组成物都是以单相状态存在于合金系中的。

（　　）13. 在合金结晶过程中析出的初生晶和二次晶均有具相同的晶体结构，但具有不同的组织形态。

（　　）14. 过共析钢由液态缓冷至室温时析出的二次渗碳体，在组织形态与晶体结构方面均与一次渗碳体不同。

（　　）15. 在铁碳合金中，只有共析成分点的合金结晶时，才能发生共析转变，形成共析组织。

（　　）16. 在缓冷至室温的条件下，含碳 0.8%的钢比含碳 1.2%的钢硬度低。

（　　）17. 在缓冷至室温的条件下，45 钢比 20 钢的强度、硬度都高。

（　　）18. 合金的强度与硬度不仅取决于相图类型，还与组织的细密程度有较密切的关系。

（　　）19. 在铁碳合金中，只有过共析钢的平衡组织中才有二次渗碳体存在。

（　　）20. 20 钢比 T12 钢的含碳量高。

（　　）21. 在铁碳合金平衡结晶过程中，只有成分为 4.3%的铁碳合金液体才能发生共晶反应。

（　　）22. 铸造合金常选用共晶或接近共晶成分的合金，要进行塑性变形的合金常选用具有单相固溶体成分的合金。

（　　）23. 相据相图，不仅能够了解各种合金成分的合金在不同温度下所处的状态及相的相对量，而且还能知道相的大小及其相互配置的情况。

四、简述题

1. 固溶体主要有哪两种？它们的形成条件是什么？

2. 间隙固溶体和间隙相的差别是什么？

3. 什么是固溶强化？造成固溶强化的原因是什么？

4. 置换原子与间隙原子的固溶强化效果哪个大些？为什么？

5. 金属化合物在结构和性能方面与固溶体有何不同？常见的金属化合物有哪些类

型？它们对合金的性能有什么影响？

6. 什么是机械混合物？它是单相组织还是多相组织？性能如何？

7. 为什么合金冷却通过共晶（析）线时，所有剩下的液体（某个固相）全部转变为共晶（析）体？

8. 为什么凡是合金成分靠近共晶体（或共析体）的合金，其内部组织的共晶体（或共析体）越多？

9. 为什么铸造合金常选用接近共晶成分的合金？为什么要进行压力加工的合金常选用单相固溶体成分的合金？

10. 说明共晶反应和共析反应的异同点。

11. 相组成物和组织组成物的主要区别是什么？

12. 置换原子与间隙原子相比，哪个的强化效果更明显？为什么？

13. 为什么不能把共晶体称为相？常见的共晶体形貌有哪些种？

14. 何谓 Fe_3C_I、Fe_3C_{II}、Fe_3C_{III}、$Fe_3C_{共析}$ 和 $Fe_3C_{共晶}$？在显微镜下它们的形态有何特点？

15. 有形状、尺寸相同的两个 Cu-Ni 合金铸件，一个含 90%Ni，另一个含 50%Ni，铸后自然冷却，问哪个铸件的偏析较严重？

16. $Fe-Fe_3C$ 相图都有哪些应用？又有哪些局限性？

17. 同样形状的两块铁碳合金，其中一块是低碳钢，另一块是白口铸铁，用什么样的简单方法可将其迅速分开？

18. 请解释下列现象：

（1）电阻丝大多用固溶体合金制造；

（2）大多数铸造合金都选用共晶成分或接近共晶成分；

（3）室温下存在固溶体-化合物两相，不易进行冷变形，往往把它加热至单相固溶体态进行热变形；

（4）若要提高具有共晶成分的铸件的性能，住往增加浇铸时的过冷度；

（5）钢中若硫含量高会产生热脆性。

19. 二元相图在三相平衡反应过程中，能否应用杠杆定律？为什么？

20. 根据 Fe-C 合金退火后室温下的显微组织说明下列几种现象：

（1）0.8%C 的碳钢比 0.4%C 的碳钢强度、硬度高，而塑性、韧性差；

（2）1.2%C 的碳钢比 0.8%C 的碳钢硬度高，而强度反而低；

（3）碳素钢加热到 100～1200℃区间进行锻造成型，而白口铸铁则在该温度区间仍然塑性韧性较差，不能进行锻造；

（4）制造汽车外壳多用低碳钢，$w(C) < 0.2\%$；制造机床主轴、齿轮等多用中碳钢 $w(C) = 0.25\% \sim 0.6\%$；而制造车刀、丝锥、锯条等则多采用高碳钢 $w(C) > 0.6\%$。$w(C) = 1.3\% \sim 2.1\%$ 的碳钢则很少应用。

21. 钢材的切削加工性与碳含量有何关系。

22. 钢中 $w(S)$ 高时为什么会出现热脆现象？而 $w(P)$ 高时为什么会出现冷脆现象？

五、综合题

1. Pb-Sn 相图如习题图 1-3 所示:

（1）标注尚未标出的相区中的相;

（2）指出组织中含 β_1 最多和最少的合金成分;

（3）指出组织中共晶体最多和最少的合金成分;

（4）指出最容易和最不容易产生枝晶偏析的合金成分;

（5）绘图说明初生相 α 及 β、共晶体 $\alpha+\beta$、二次相 α_1 及 β_1 在组织形态上的区别?

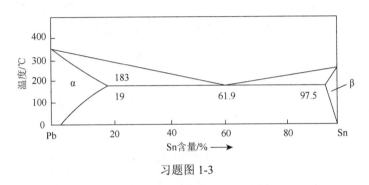

习题图 1-3

2. 根据 Pb-Sn 合金相图，说明含 28%Sn 的 Pb-Sn 合金在下列各温度时组织中有哪些相? 并求出相的相对量。

（1）高于 300℃;

（2）刚冷到 183℃，共晶体转变尚未开始;

（3）在 183℃，共晶转变完毕;

（4）冷至室温。

3. 已知 A（熔点 600℃）与 B（熔点 500℃）在液态无限互溶; 在固态 300℃时 A 溶于 B 的最大溶解度为 30%，室温时为 10%，但 B 不溶于 A; 在 300℃时，含 40%B 的液态合金发生共晶反应。现要求:

（1）作出 A-B 合金相图;

（2）分析 20%A、45%A、80%A 等合金的结晶过程，并确定它们在室温下的组织组成物和相组成物的相对质量。

4. 一个二元共晶反应如下:

$$L(75\%B) \longrightarrow \alpha(15\%B)+\beta(95\%B)$$

（1）求含 50%B 的合金完全凝固时，

①初晶 α 与共晶 $(\alpha+\beta)$ 的质量百分数;

②α 相及 β 相的质量百分数。

（2）若显微组织中测量出 β 初晶与 $(\alpha+\beta)$ 共晶各占一半，求该合金的成分。

5. 什么成分的 Cu-Ni 合金的硬度最高? 该硬度最高的合金铸造时流动性好不好? 为什么? 画出这个合金的显微组织示意图。

6. 在固态下互不溶解的某二元合金，从显微镜下观察得到初生组织 $w(A)=85\%$，已

知共晶成分中 $w(A) = 24\%$，求该合金的成分。

7. 试根据如习题图 1-4 所示的 Cu-Ag 相图说明：

（1）含 85%Ag、15% Cu 的合金在 400℃、800℃和 1000℃各是什么组织？绘示意图说明上述合金冷却过程中组织变化规律。

（2）室温下合金中的先共晶 α 的质量分数是多少？共晶体的质量分数是多少？

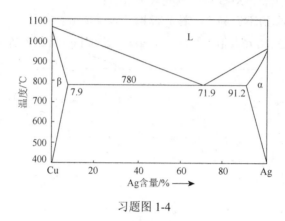

习题图 1-4

8. 根据如习题图 1-5 所示的 Mg-Sn 相图回答下列问题：

（1）α 和 Mg_2Sn 各是什么组织？各自的晶胞和性能特点如何？

（2）标出相图中各空白区相的名称；

（3）绘示意图说明 50%Sn、50%Mg 的合金从 800℃冷却到室温的组织变化。

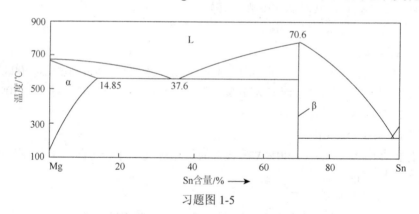

习题图 1-5

9. 根据如习题图 1-6 所示的 Al-Cu 相图说明：

(1) α 和 θ 是什么组织？它们的晶胞与谁相同？性能如何？

（2）相图中 KL 之间的合金均为 α+θ 两相组成，请用示意图说明区域①、②、③、④的组织；在②区中含 Cu 多的和含 Cu 少的合金组织有何不同？

（3）绘示意图说明含 20%Cu、80%Al 的合金，从 700℃冷到室温时组织转变过程如何？

10. 试计算珠光体中铁素体和渗碳体的相对含量。

11. 对某碳钢（平衡状态）进行分析？得知其组成相为 80%F 和 20%Fe₃C，求此钢的成分，并估计硬度。

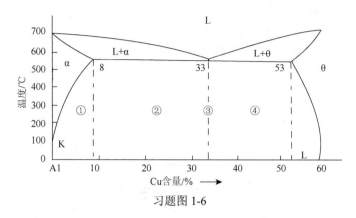

习题图 1-6

12. 计算 100kg 含 3.5%C 的铁碳合金从液态冷却到共晶温度（尚未发生共晶反应）时所剩下的液体的成分和质量。

13. 某合金相图如习题图 1-7 所示：

（1）试标注①～④空白区中存在相的名称；

（2）此相图包括哪几种转变类型?

（3）说明合金 I 的平衡结晶过程及室温下的显微组织。

14. 如习题图 1-8 所示，试分析 5%Si-95%Al 的合金：

（1）α 相在 630℃、577℃和 550℃时含 Si 的百分数各是多少?

（2）液相在 630℃、600℃、577℃时含 Si 的百分数各是多少?

（3）β 相在 550℃时含 Si 的百分数是多少?

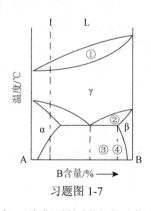

习题图 1-7

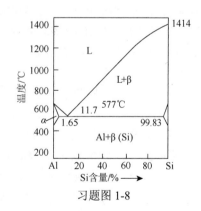

习题图 1-8

15. 有一种典型的制造发动机汽缸体的合金，其成分为 10.5%Si、89.5%Al，试分析以下问题：

（1）熔融的液体合金缓慢冷却时，在什么温度首先析出固相?

（2）冷到什么温度该合金将完全凝固?

（3）这种合金在全部凝固之前，如在 578℃，试分析 β 相和液相的成分各是多少?

（4）该温度下剩余液体与 5%Si-95%Al 合金在同一温度下的液体之间在成分上是否

有很大的区别？

（5）该合金有 550℃时，α 相和 β 相的成分是什么？

（6）试绘出该合金相的百分数和温度的关系曲线图。

16. M-N 合金相图如习题图 1-9 所示。

（1）标注出液相线和固相线；

（2）水平线上的反应是什么反应，写出其反应式；

（3）标出图中①～④空白区域中组织组成物的名称；

（4）画出合金 I 的冷却曲线。

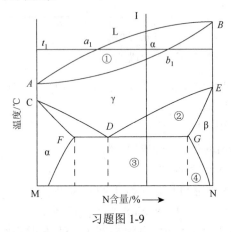

习题图 1-9

17. 画出含 1.2%C 的铁碳合金从液态缓冷至室温时的冷却曲线及组织转变示意图，并计算在室温下各相组成物和各组织组成物在整个合金中占的相对质量分数。

18. 画出含 0.5%C 的铁碳合金从液态缓冷至室温时的冷却曲线及组织转变示意图，并计算在室温下各组成物和各组织组成物在整个合金中占的相对质量分数。

19. 在 Cu-Ni 系二元合金相图中，三种不同 Ni 含量的合金，在某一定温度下都具有液、固两相，此时三者各自的液、固相量及相的浓度是否相同？哪一个合金的枝晶偏析比较严重？为什么？画相图予以说明。

20. 习题图 1-10 为已简化的 Fe-Fe₃C 相图。

（1）分析 E 点、A 点、S 点、C 点、ECF 线、GS 线、ACD 线、PSK 线的含义；

（2）分析碳含量为 0.1%的碳钢从液态至室温的结晶过程；

（3）分析碳含量为 0.2%的亚共析钢从液态至室温的结晶过程；

（4）分析碳含量为 0.77%的共析钢从液态至室温的结晶过程；

（5）根据相图分析 T12 钢的结晶过程，指出 T12 钢的室温组织。

21. 现有 A、B 两种铁碳合金，A 的显微组织为铁素体量占 25%，珠光体量占 75%；B 的显微组织为珠光体量占 93%，二次渗碳体量占 7%。计算并回答：

（1）两类铁碳合金按显微组织的不同分属于哪一类钢？

（2）两类铁碳合金的碳含量各为多少？

（3）画出这两种材料在室温下的平衡组织示意图，并标出组织组成物的名称。

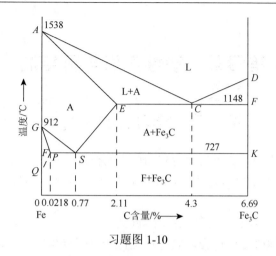

习题图 1-10

22. 碳含量为 0.25%的钢在平衡状态下，珠光体和铁素体各占的百分比为多少？若含碳量为 0.77%的钢在平衡条件下硬度为 240HB，铁素体的硬度为 80HB，试估算碳含量为 0.25%的钢的硬度。

23. 指出一次渗碳体、二次渗碳体、三次渗碳体、共晶渗碳体和共析渗碳体的主要区别。

24. 对某退火碳素钢进行金相分析，其组织的相组成物为铁素体和渗碳体，其中渗碳体占 18%，问此碳钢的碳含量大约是多少？

第四章　塑性变形与再结晶

第一节　学习目的与要求

（1）掌握塑性变形的主要方式：滑移和孪生的概念、技点，理解滑移的位错机制。

（2）了解多晶体塑性变形的特点，能够解释细晶强化、固溶强化、第二相强化的原因。

（3）知道加工硬化现象及其原因和实际意义。

（4）指出提高金属强度的途径，对各种强化的原因有初步概念。

（5）理解再结晶的实质，掌握再结晶的应用。

（6）了解冷、热加工的根本区别，热加工对组织和性能的影响。

第二节　内　容　提　要

在外力作用下金属首先发生弹性变形。当应力超过材料的弹性极限时，金属将产生塑性变形。它不仅改变金属的外形，而且使内部组织和结构发生变化。经过塑性变形后的金属，在随后的加热过程中，内部组织也发生一系列变化，这些都对性能有明显的影响。

塑性变形和再结晶是金属材料生产和研究中的一个重要问题，现依次介绍金属的塑性变形、合金的塑性变形、变形对组织和性能的影响、回复与再结晶、金属的热加工。

1. 金属的塑性变形

单晶体金属塑性变形的基本方式是滑移和孪生。其中滑移是最基本、最普遍的塑性变形方式，孪生只是在滑移难以进行的情况下出现。

1）滑移

滑移变形的机理

滑移是通过位错的移动来完成的。当一个位错移动到晶体表面时，便形成一个原子间距的滑移量。当晶体通过位错移动产生滑移时，不需要整个滑移面上的全部原子一齐移动，而只是位错中心附近的少数原子发生微量位移，而且它们移动的距离又远小于一个原子间距。所以，通过位错移动而逐步滑移，比整体一起移动所需的临界切应力要小得多。这就是位错的易动性。

滑移是指晶体在切应力作用下，一部分晶体相对于另一部分沿一定晶面和晶向产生的相对移动。滑移变形的特点包括以下几点。

（1）滑移只能在切应力的作用下发生，产生滑移的最小切应力称为临界切应力。

（2）滑移沿原子密度最大的晶面和晶向发生。这一晶面和晶向分别称为滑移面和滑移方向。一个滑移面和此面上任一滑移方向组成一个滑移系。每个滑移系表示金属晶体在产生滑移时滑移动作可能采取的空间位向。表 1-4 列出了三种典型金属的滑移系。可见滑移系越多，越容易产生滑移，晶体的塑性越好。其中滑移方向比滑移面对塑性的贡献更大。因而具有立方晶格的金属的塑性好于密排六方的金属。而具有面心立方晶格的金属的塑性好于具有体心立方晶格的金属。

（3）滑移对两部分晶体的相对位移量是原子间距的整数倍。滑移的结果会在金属表面造成台阶。

（4）滑移的同时伴随着晶体的转动。转动有两种，一种是滑移面向外力轴方向的转动；另一种是在滑移面上滑移方向向最大切应力方向转动。

表 1-4　三种典型金属晶格的滑移系

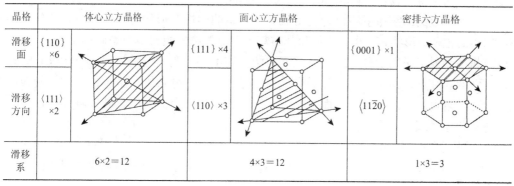

晶格	体心立方晶格		面心立方晶格		密排六方晶格	
滑移面	{110}×6		{111}×4		{0001}×1	
滑移方向	⟨111⟩×2		⟨110⟩×3		⟨11$\bar{2}$0⟩	
滑移系	6×2=12		4×3=12		1×3=3	

2）孪生

孪生是指晶体的一部分沿一定晶面和晶向，相对于另一部分所发生的切变。孪生与滑移不同，主要特点有以下几点。

（1）孪生通过切变使晶格位向改变，使变形部分与未变形部分呈镜面对称。

（2）孪生时，相邻原子面的相对位移量小于一个原子间距。

（3）孪生所需的切应力比滑移大得多，变形速度极快。所以孪生常在滑移系较少的密排六方晶格的金属中发生。体心立方晶格的金属只在低温或受到冲击时才发生孪生变形。而面心立方晶格的金属一般不发生孪生变形。

3）多晶体的塑性变形

多晶体是由许多位向不同的单晶体集合而成的。在多晶体进行塑性变形时，每个晶粒的塑性变形方式与单晶体基本相同。多晶体的塑性变形可视为许多晶粒的变形过程的综合结果。但由于多晶体中各个晶粒的晶格位向不同，而且有大量晶界存在，各个晶粒的塑性变形相互阻碍和制约。多晶体塑性变形时，由于晶界对位错运动的阻碍作用，晶粒越细小，晶界面积越大，对位错的阻碍作用越大；还有晶粒位向的影响，位错的运动阻力加大，致使细晶粒金属的强度增大，即细晶强化。同时应该指出，晶粒越细，塑性越好。其原因在于：晶粒越细，则晶界越曲折，越不利于裂纹的传播；晶粒越细，变形可以分散在更多的晶粒内进行，且变形均匀，减少应力集中，从而可以在断裂之前承受更大的塑性变形。多晶体的塑性变形有下列特点。

（1）晶体中各晶粒的滑移是不等时的。

（2）多晶体塑性变形时晶粒间相互协调和配合。

（3）只有多个滑移系才能保证多晶体变形的连续性。

（4）多晶体变形往往是不均匀的。

（5）多晶体比单晶体有较高的塑性变形抗力。

2. 合金的塑性变形

生产上实际使用的金属材料大部分是合金。合金就其金相组织来说，基本上可分为单相固溶体和多相混合物两种。其塑性变形各具特点。

（1）单相固溶体合金由于溶质原子的存在，其晶格发生畸变，从而使固溶体的强度、硬度升高，而塑性、韧性下降，即产生了固溶强化。

（2）当合金的组织由多相混合物组成时，合金的塑性变形除与基体性质有关外，还与第二相的性质、形状、大小、数量和分布有关。由于第二相大多数是硬而脆的化合物，所以当其在晶界上呈网状分布时，对强度和塑性均不利；在晶内呈片状和层状分布时，可提高强度和硬度，但会降低塑性和韧性；在晶内呈弥散分布时，虽塑性、韧性稍会降低，但可显著提高强度和硬度，而且质点越细、越多，合金的强度、硬度越高，这称为合金的弥散强化或沉淀强化。

下面是几种不同的强化机制。

（1）固溶强化是溶质原子溶入溶剂的晶格中，由于溶质原子与溶剂原子尺寸的差异在溶入地点产生晶格的畸变而使强度升高的现象。

（2）形变强化实际上是一种位错强化，强化的主要原因是在塑性变形中，位错密度增加，位错运动相互阻碍，使强度提高。

（3）第二相强化包括沉淀强化、弥散强化和双相合金中的第二相强化。强化作用的大小同第二相的形态、大小、数量以及它在基体中的分布方式有密切的关系。

（4）细化组织强化也称为晶界强化。晶界一方面阻碍位错运动，另一方面又是位错聚集的地方。所以晶粒越细小，则晶界面积越大，位错密度越大，从而强度升高。同时塑性和韧性也随之提高。

3. 塑性变形对材料的组织和性能的影响

金属在外力作用下产生塑性变形时，不仅外形发生变化，而且其内部的晶粒形状也相应地被拉长或压扁。当变形量很大时，晶粒将被拉长为纤维状，晶界变得模糊不清。塑性变形使晶粒内部的亚结构形成。又由于塑性变形过程中晶粒的转动，当变形量达到一定程度（70%～90%）时，会使绝大部分晶粒的某一位向与外力方向趋于一致，形成织构。

金属的塑性变形，使位错密度增加，亚结构细化等引起金属的强度、硬度增加，塑性、韧性下降，即引起加工硬化。又由于金属材料塑性变形的不等时性和不均匀性，使外力去除后，金属内部有残存内应力。加工硬化和残余内应力的存在，使金属的物理和化学性能发生了显著变化，如电阻增加、耐蚀性下降等。

4. 回复与再结晶

由于在冷变形金属中存在着严重的晶格歪扭、晶粒破碎、结构缺陷等，将导致系统自由能升高，所以经冷变形后金属的内部状态是不稳定的，它有自发地恢复到比较完整、规则和自由能较低的状态的趋势。但是在室温下，由于金属原子动能太小，扩散速度太小，这种趋势无法实现。如将金属加热，使其温度升高，增大金属原子动能，就会发生一系列的组织与性能的变化。塑变金属将依次发生回复、再结晶和晶粒长大等过程。

回复是指在加热温度较低时，由于金属中的点缺陷及位错的近距离迁移而引起晶内发生某些变化。此外，位错的运动使其由冷塑性变形时的无序状态变为垂直分布，形成亚结构，因而回复使金属的内能降低。金属在回复阶段强度、硬度略有下降、塑性略有上升，内应力和电阻显著降低，但组织变化不明显。

当冷变形金属加热到较高温度时，通过新晶核的形成和长大，由畸变的晶粒变为等轴晶粒的过程称为再结晶。再结晶前后新旧晶粒的晶格类型和成分完全相同，不同的是再结晶后因塑性变形而造成的各种晶体缺陷减少了，内应力消失。因而金属的强度、硬度下降，塑性、韧性提高，加工硬化消失。再结晶温度是指冷塑性变形金属发生再结晶的最低温度。

再结晶的开始温度主要取决于变形度。变形度越大，再结晶开始温度越低。大变形度（70%～80%）的金属的再结晶温度与熔点的关系为

$$T_{再}(K)=(0.35\sim0.4)T_{熔}(K)$$

再结晶后的晶粒大小与加热温度和预变形度有关。加热温度越低或预变形度越大，其再结晶后晶粒越细。但要注意临界变形度的情况。对于一般金属，当变形度为 2%～10%时，由于变形很不均匀，会出现晶粒的异常长大，导致性能急剧下降。

第三节 习 题

一、填空题

1. 从刃型位错的结构模型分析，滑移的实质是_____。

2. α-Fe 发生塑性变形时，其滑移面和滑移方向分别是_____和_____，滑移系为_____个。

3. 面心立方结构的金属有_____个滑移系，它们是_____。体心立方结构的金属有_____个滑移系，它们是_____。密排六方结构的金属有_____个滑移系。

4. 人们常利用四种强化机制提高金属的强度，其中冷轧使金属强度提高是_____强化；α 单相黄铜比纯铜强度高是_____强化；珠光体比铁素体强度高是_____强化；晶粒细化使强度提高是_____强化。

5. 常温下，金属单晶体的塑性变形方式有_____和_____两种。

6. 常温下使用的金属材料以_____晶粒为好，而高温下使用的金属材料以_____晶粒为好。

7. 与单晶体比较，影响多晶体塑性变形的两个主要因素是_____和_____。

8. 金属材料经塑性变形后，强度、硬度升高，而塑性下降的现象称为_____。

9. 冷加工金属经过加热后，发生的组织变化过程有_____、_____、_____。

10. 再结晶后晶粒度的大小取决于_____、_____和_____。

11. 在金属学中，冷加工与热加工的界限是以_____来划分的，因此 Cu（熔点为 1084℃）在室温下变形加工称为_____加工，Sn（熔点为 232℃）在室温下的变形加工称为_____加工。

12. 再结晶温度是指_____，其数值与熔点间的大致关系为_____。

13. 强化金属材料的基本方法有_____、_____、_____和_____。

14. 冷变形后的金属进行加热，当温度不太高时，金属内部的晶格畸变程度_____，内应力_____，这个阶段称为_____，当加热到较高温度，晶粒内部晶格畸变_____，金属的位错密度_____，使变形的晶粒逐步变成等轴晶粒，这一过程称为_____。

15. 韧性断裂是指_____，而脆性阶裂是指_____。

二、选择题

1. 冷塑性变形使金属（　　　）。
　　A. 强度增大，塑性减小　　　　　B. 强度减小，塑性增大
　　C. 强度增大，塑性增大　　　　　D. 强度减小，塑性减小

2. 加工硬化现象的最主要原因是（　　　）。
　　A. 晶粒破碎细化　　　　　　　　B. 位错密度增加
　　C. 晶粒择优取向　　　　　　　　D. 形成纤维组织

3. 某厂用冷拉钢丝绳吊运出炉热处理工件去淬火，钢丝绳承载能力远超过工件的重量，但在工件吊运过程中，钢丝绳发生断裂，其断裂是由于钢丝绳（　　　）。
　　A. 产生加工硬化　　　　　　　　B. 超载
　　C. 形成带状组织　　　　　　　　D. 发生再结晶

4. 冷变形金属再结晶后（　　　）。
　　A. 形成柱状晶，强度升高　　　　B. 形成柱状晶，塑性下降
　　C. 形成等轴晶，强度增大　　　　D. 形成等轴晶，塑性增大

5. 为消除金属在冷变形后的加工硬化现象，需进行的热处理为（　　　）。
　　A. 扩散退火　　　　　　　　　　B. 球化退火
　　C. 再结晶退火　　　　　　　　　D. 完全退火

6. 为改善冷变形金属塑性变形的能力，可采用（　　　）。
　　A. 低温退火　　　　　　　　　　B. 再结晶退火
　　C. 二次再结晶退火　　　　　　　D. 变质处理

7. 从金属学的观点来看，冷加工和热加工的温度界限区分是（　　　）。
　　A. 相变温度　　　　　　　　　　B. 再结晶温度
　　C. 结晶温度　　　　　　　　　　D. 25℃

8. 体心立方晶格金属与面心立方晶格金属在塑性上的差别，主要是由于两者的（　　　）。
　　A. 滑移系数不同　　　　　　　　B. 滑移方向数不同

C. 滑移面数不同   D. 滑移面和滑移方向的指数不同

9. 随冷塑性变形量增加，金属的（   ）。

    A. 强度下降，塑性提高   B. 强度和塑性都下降

    C. 强度和塑性都提高   D. 强度提高，塑性下降

10. 冷变形金属再结晶后，则（   ）。

    A. 形成等轴晶，强度增大   B. 形成柱状晶，塑性下降

    C. 形成柱状晶，强度升高   D. 形成等轴晶，塑性升高

11. 能使单晶体产生塑性变形的应力为（   ）。

    A. 正应力   B. 切应力   C. 复合应力

12. 变形金属加热时发生的再结晶过程是一个新晶粒代替旧晶粒的过程，这种新晶粒的晶型是（   ）。

    A. 与变形前的金属相同   B. 与变形后的金属相同

13. 为了提高大跨距铜导线的强度，可以采取适当的（   ）。

    A. 冷塑变形加去应力退火   B. 冷塑变形加再结晶退火

    C. 热处理强化   D. 热加工强化

14. 在相同变形量情况下，高纯金属比工业纯度的金属（   ）。

    A. 更易发生再结晶   B. 更难发生再结晶

    C. 更易发生回复   D. 更难发生回复

15. 在室温下经轧制变形 50% 的高纯铅的显微组织是（   ）。

    A. 沿轧制方向伸长的晶粒   B. 纤维状晶粒

    C. 等轴晶粒   D. 带状晶粒

16. 金属中能产生滑移的滑移面和滑移方向是（   ）晶面、晶向。

    A. 与外力成 45° 方向的

    B. 原子面间距和原子列间距小的

    C. 与外力平行的

    D. 原子排列最密的

17. 若晶粒越细，则（   ），位错运动阻力增大，因而变形抗力提高，强度提高。

    A. 第二相越弥散   B. 位错越多

    C. 晶界越多   D. 硬取向的晶粒数目越多

18. 冷加工与热加工的理论分界点（温度）是（   ）。

    A. 室温   B. 再结晶温度   C. 727℃   D. A_{c3} 温度

19. 面心立方晶格的滑移系有（   ）。

    A. 12 个   B. 6 个   C. 24 个   D. 3 个

20. 临界分切应力 τ_k 是指（   ）。

    A. 外力在滑移系上的分切应力

    B. 使晶体开始滑移所需的最小外力

    C. 原子面间的结合力

    D. 使晶体开始滑移所需加于滑移系的最小切应力

21. 晶粒越细强度越大，是因为（　　　）。
    A. 硬取向的晶粒越多
    B. 晶界面积大，对位错运动的阻碍作用大
    C. 软取向的晶粒较多

22. 加工硬化是强化金属的重要手段，但有局限性，因为（　　　）。
    A. 随着强度增加，塑性、韧性下降
    B. 只适应于在室温下工作的金属
    C. 只适用于单相合金
    D. 适用于再结晶温度以下工作的金属

23. 第二相在金属基体中分布可提高金属材料的强度，其条件是（　　　）。
    A. 第二相应为硬脆相，几乎不发生塑性变形
    B. 第二相性能应与金属基体接近
    C. 第二相弥散分布
    D. 第二相成网状分布于基体晶界

24. 变形金属加热时，为避免晶粒异常长大，应（　　　）。
    A. 加热温度低于再结晶温度
    B. 加热温度略高于再结晶温度
    C. 尽量升高加热温度
    D. 控制变形量（避免 2%~10% 的变形度）
    E. 变形量应在临界变形度范围内

三、判断题

（　　　）1. 由于再结晶的过程是一个形核长大的过程，所以再结晶前后金属的晶格结构发生变化。

（　　　）2. 因为体心立方晶格与面心立方晶格具有相同数量的滑移系，所以两种晶体的塑性变形能力完全相同。

（　　　）3. 在体心立方晶格中，滑移面为 {111}×6，滑移方向为 〈110〉×2，所以其滑移系为 12。

（　　　）4. 变形金属的再结晶退火温度越高，退火后得到的晶粒越粗大。

（　　　）5. 晶界处滑移的阻力最大。

（　　　）6. 金属的预变形度越大，其开始再结晶的温度越高。

（　　　）7. 滑移变形不会引起金属晶体结构的变化。

（　　　）8. 只有切应力才能产生滑移和孪生，并导致塑性变形。

（　　　）9. 热加工是指在室温以上的塑性变形加工。

（　　　）10. 为了保持冷变形金属的强度和硬度，应采用再结晶退火。

（　　　）11. 热加工过程，实际上是加工硬化和再结晶这两个重叠的过程。

（　　　）12. 孪生变形所需的切应力要比滑移变形时所需的小得多。

（　　　）13. 面心立方晶格一般不会产生孪生变形；密排六方晶格金属因滑移系少，

主要以孪生方式产生变形。

（　　）14. 从本质上讲，热变形不产生加工硬化现象，而冷变形会产生加工硬化现象。这是两者的主要区别。

（　　）15. 有人说："金属的塑性变形实质上是位错发生了运动的结果。"由此可以说："位错运动发生变形；不运动就不会发生塑性变形。"

四、简述题

1. 金属的塑性变形有几种方式？在什么条件下会发生滑移变形？说明滑移的机理，它与孪生有何区别？

2. 滑移面是原子密度最大的晶面，滑移方向是原子密度最大的方向，为什么？

3. 画图说明体心立方、面心立方和密排六方三种常见晶体结构的滑移面、滑移方向及滑移系。

4. 多晶体塑性变形有何特点？在多晶体中有哪些晶粒最先滑移？

5. 为什么细晶粒钢强度高，塑性、韧性也好？请用多晶体塑性变形特点加以说明。

6. 金属经塑性变形后，组织和性能发生什么变化？分析加工硬化对金属材料的强化作用。

7. 何谓再结晶温度 $T_{再}$？已知金属 W、Fe、Cu 的熔点分别为 3380℃、1534℃、1083℃，试估算这些金属的最低再结晶温度范围。说明钨在 1000℃、铁在 800℃、铜在 600℃时的加工变形处于什么加工状态。

8. 金属的再结晶温度受到哪些因素的影响？再结晶退火前后组织和性能有何变化？

9. 金属铸件能否通过再结晶退火来细化晶粒？为什么？

10. 为什么生产中一般应尽量避免在临界变形度这一范围内加工变形？

11. 用冷拔紫铜管通过冷弯的方法制造机器上的输油管，为了避免开裂，弯前应进行什么热处理？

12. 在室温下对铅板进行弯折，越弯越硬，而稍隔一段时间再行弯折，铅板又像当初一样柔软，这是什么原因（Pb 的熔点为 327℃）？

13. 什么是加工硬化？试举例说明加工硬化现象在生产中的利弊。

14. 热加工对金属组织和性能有何影响？钢材在热变形加工（如锻造）时，为什么不出现硬化现象？

15. 用下述三种方法制成齿轮，哪种方法较为理想？为什么？

（1）用厚钢板切出圆饼再加工成齿轮；

（2）用粗钢棒切下圆饼再加工成齿轮；

（3）由圆棒锻成圆饼再加工成齿轮。

16. 说明下列现象产生的原因。

（1）滑移面是原子密度最大的晶面，滑移方向是原子密度最大的方向。

（2）晶界处滑移的阻力最大。

（3）Zn（密排六方）、α-Fe、Cu 的塑性不同。

17. 口杯采用低碳钢板冷冲而成，如果钢板的晶粒大小很不均匀，那么冲压后常常发现口杯底部出现裂纹，这是为什么？

18. 厚的纯铁板经冷弯曲变形后，中性层两边变形对称，表层金属变形程度为 40%，横截面上原始晶粒度如习题图 1-11 所示。试绘出再结晶退火后，该纯铁板截面上的组织示意图，并说明原因。

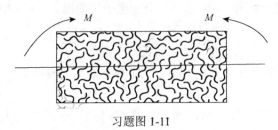

习题图 1-11

19. 拉制半成品钢丝时过程如习题图 1-12 所示。试绘出不同阶段的组织与性能变化示意图，并加以解释。

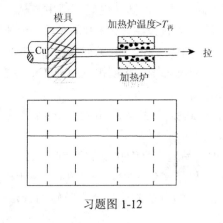

习题图 1-12

20. 某低碳钢板截面如习题图 1-13（a）所示，经冷轧后成习题图 1-13（b）的形状。

（1）画出沿 X 方向硬度变化情况，并解释原因；

（2）将冷轧后钢板在 650℃加热后，沿 X 方向晶粒大小有何变化？

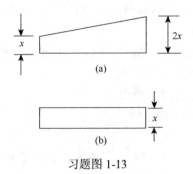

习题图 1-13

第五章　钢的热处理

第一节　学习目的与要求

本章简要阐述了钢的热处理的基本原理；介绍钢的各种常用热处理工艺和应用；指出了各种形式的热处理中具体的工艺—组织—性能的规律。

学完本章后应能够达到以下要求。

（1）了解钢在加热和冷却过程中奥氏体形成和分解的过程。

（2）掌握奥氏体冷却时的转变曲线（主要是等温转变曲线）及应用。

（3）掌握马氏体的本质，理解马氏体强化是钢的最主要强化手段。

（4）理解回火过程中马氏体的分解过程。

（5）掌握钢中的珠光体、索氏体、屈氏体、贝氏体、马氏体以及回火马氏体、回火屈氏体、回火索氏体等各种组织的本质、形态和性能特点。

（6）了解淬透性及其主要影响因素。

（7）知道退火、正火、淬火和回火的目的、大致工艺参数、应用及其中组织和性能的变化规律。

（8）知道表面淬火及化学热处理的目的、应用及其中组织和性能的变化规律。

第二节　内　容　提　要

1. 热处理定义及分类

热处理是将固态金属或合金在一定介质中加热、保温后冷却，以改变其整体或表面组织，从而获得所需性能的一种工艺。热处理是改善金属材料的使用性能和工艺性能的一种非常重要的工艺方法。热处理一般由加热、保温、冷却三阶段组成。热处理的特点是只改变材料的内部组织，而工件外形及尺寸改变很小或不发生改变。其基本工艺可以用热处理工艺曲线来表示，如图 1-1 所示。

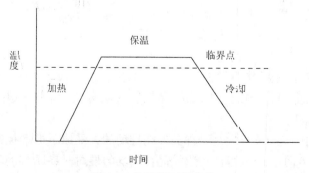

图 1-1　热处理工艺曲线

热处理是一种与铸、锻、焊等加工过程密切相关的工艺，为了能够消除或改善上述过程中出现的某些组织结构缺陷需要进行一定的热处理。热处理的目的是改善工件的使用性能及工艺性能，并充分挖掘材料的潜力，从而提高工件的寿命和力学性能，为缩小工件尺寸、减轻质量提供可能性。

热处理的工艺参数主要是加热速度、加热温度、保温时间和冷却速度。

根据加热和冷却方法的不同，可以把热处理分为常规热处理、化学热处理、表面热处理等多种热处理形式。通常的热处理工艺可分为退火、正火、淬火和回火。

也可根据热处理在工艺流程中的作用，将其分为预备热处理和最终热处理。预备热处理是为后续冷热加工和进一步热处理做准备的，通常采用退火、正火或调质处理。最终热处理则使工件达到使用性能要求，通常采用淬火加回火、表面热处理、化学热处理和形变热处理等。

2. 钢的热处理原理

1）钢的临界温度

根据 Fe-C 相图左下角，钢在缓慢加热和冷却时，其固态转变的临界温度是由 PSK 线（A_1）、GS 线（A_3）和 ES 线（A_{cm}）决定的。Fe-C 相图上的 A_1、A_3、A_{cm} 是平衡临界点，在实际情况下加热转变点和冷却转变点都偏离平衡临界点。而且，加热和冷却转变的速度越大，其偏离也越大。通常加热转变点标以"c"，冷却转变点标以"r"。

2）钢加热时的组织转变

钢在加热时的组织转变过程是从室温组织转变为奥氏体组织的过程，也称为奥氏体化。奥氏体化一般包括有四个连续转变过程：奥氏体形核（在 F 与 Fe_3C 的相界面上）→奥氏体晶体长大（F 向 A 晶格重构、Fe_3C 溶解、C 原子向 A 扩散）→剩余渗碳体溶解（F 晶格重构速度较快，先行消失）→奥氏体成分均匀化（C 原子在 A 中扩散）。对于亚共析钢和过共析钢，在珠光体转变为奥氏体后，还有自由铁素体或二次渗碳体继续向奥氏体转变或溶解的过程。

奥氏体形成所需的时间较短，奥氏体成分均匀化所需的时间较长。奥氏体形成后，在继续加热过程中奥氏体晶粒大小要发生变化，需要区别三种有关奥氏体晶粒度的概念，即奥氏体起始晶粒度、奥氏体实际晶粒度和奥氏体本质晶粒度。奥氏体起始晶粒度一般较小；实际生产中可通过快速短时加热可获得细晶粒，这对热处理工艺具有重要意义。奥氏体实际晶粒度是在具体条件下的晶粒大小，直接影响钢的组织性能，因此具有重要的实际意义。奥氏体本质晶粒度是在规定的加热条件下（930℃±10℃，3～8h）所得到的奥氏体晶粒大小，它表示了奥氏体晶粒在高温时长大的倾向。本质细晶粒钢过热倾向小，有利于获得细晶粒组织，所以重要的热处理工件都采用本质细晶粒钢制造。标准的晶粒度等级分为两种，其中 1～4 级为粗晶粒，5～8 级为细晶粒。

普遍认为，奥氏体晶粒长大是一种晶界能推动的、受原子扩散控制的热激活过程。这个过程包含两个方面：一是奥氏体起始晶粒及均匀性对晶界迁移的作用；二是第二相的溶解与析出对晶界迁移的钉扎。这两个因素相互制约，前者是晶界迁移的驱动力，后者是晶界迁移的阻力。

3）钢在冷却时的组织转变

钢经加热获得奥氏体组织，其最终性能由随后冷却所得到的组织来决定，因此控制奥氏体在冷却时的转变过程是获得所需性能的关键。深入研究奥氏体在冷却时的转变规律，则需掌握奥氏体冷却方式、过冷奥氏体等温转变曲线、过冷奥氏体连续冷却转变曲线等内容。

奥氏体冷却方式分为等温冷却和连续冷却两种。

过冷奥氏体等温转变曲线，就是综合反映过冷奥氏体在不同过冷度下等温转变的过程，转变开始和终了时间、转变产物和转变量与温度和时间的关系曲线，又称为 C 曲线。C 曲线由实验方法建立，不同钢种 C 曲线的形状和位置均不同。教材中图 5-7 是共析钢的 C 曲线，它是由两条 C 形曲线和三条水平直线组成，左边的曲线是过冷奥氏体转变开始线，右边的曲线是过冷奥氏体转变终了线。上面的水平直线是 A_1 线，下边第一条线是马氏体转变开始线（M_s），第二条线是马氏体转变终了线（M_f）。

影响 C 曲线的因素有以下几点。

（1）奥氏体碳浓度。

与共析钢 C 曲线相比，亚共析钢多出一条 $\gamma \rightarrow \alpha$ 转变的开始线，过共析钢多 $\gamma \rightarrow Fe_3C$ 转变的开始线。即非共析钢的"先共析转变区"。对珠光体转变，碳浓度离共析成分越远，则奥氏体向珠光体转变越快。对贝氏体转变，奥氏体碳浓度越小，贝氏体转变越快。随着碳浓度增大贝氏体转变区右移。碳浓度升高 M_s 点降低。

（2）合金元素。

除了 Co，大多数溶入奥氏体的合金元素都增大过冷奥氏体的稳定性，使 C 曲线右移，其中有些合金元素（Cr、W、Mo、V）还使 C 曲线形状发生变化，使 C 曲线分为两个部分形成两个鼻尖。

另外，奥氏体的原始组织、加热温度、保温时间都会影响奥氏体的晶粒度和均匀性，从而影响 C 曲线形状。

用过冷奥氏体的等温转变曲线分析过冷奥氏体在不同条件下转变为各种产物（珠光体型、贝氏体型和马氏体型）的转变过程、产物特征及其性能。

过冷奥氏体的高温转变产物是珠光体型组织。珠光体是铁素体和渗碳体的机械混合物，转变温度越低，层间距越小。按层间距珠光体型组织分为珠光体（P）、索氏体（S）、屈氏体（T）。

过冷奥氏体的中温转变产物是贝氏体型组织，分为上贝氏体和下贝氏体两种。

过冷奥氏体的低温转变产物是马氏体，马氏体是碳在 α-Fe 在中的过饱和固溶体。马氏体转变是一种非扩散型转变，马氏体的形成速度很快，而它的转变是不彻底的，总要残留少量奥氏体；马氏体形成时体积膨胀，在钢中造成很大的内应力，严重时将使被处理零件开裂。

马氏体的形态有板条形和针状（或称片状）两种。碳质量分数在 0.25% 以下时，基本上是板条马氏体（也称为低碳马氏体），碳质量分数在 1.0% 以上时，基本上是针状马氏体（也称为高碳马氏体）。

马氏体的性能特点：高碳马氏体由于过饱和度大，内应力高且存在孪晶结构，所以硬而脆,塑形、韧性极差。但晶粒细化得到的隐晶马氏体却有一定的韧性。低碳马氏体,由于过饱和度小,内应力低和存在位错亚结构,则不仅强度高,而且塑形、韧性也较好。马氏体的比容比奥氏体大,马氏体是一种铁磁相。马氏体的晶格有很大的畸变,因此它的电阻率高。

过冷奥氏体等温转变的类型、产物、性能及特征见表 1-5。

表 1-5　共析钢过冷奥氏体等温转变产物组织、性能及特征

组织名称		符号	转变温度/℃	相组成	转变类型	特征	HRC
珠光体型	珠光体	P	$A \sim 650$	F+Fe₃C	扩散型	片间距 $0 \sim 0.8 \mu m$	10~20
	索氏体	S	$650 \sim 600$			片间距 $0.25 \mu m$	25~30
	屈氏体	T	$600 \sim 550$			片间距 $0.1 \mu m$	30~40
贝氏体型	上贝氏体	B 上	$550 \sim 350$	F 过饱和+Fe₃C	半扩散型	羽毛状	40~45
	下贝氏体	B 下	$350 \sim M_s$	F 过饱和+ε-Fe₃C		针状	50~60
马氏体型	针状马氏体(高碳、孪晶)	M	$M_s \sim M_f$	F 过饱和	非扩散型	针片状	62~66
	低碳马氏体(低碳、位错)					板条状	50~60

过冷奥氏体连续冷却转变曲线,即奥氏体的连续冷却 C 曲线,根据英文名称又称为 CCT 曲线。由于生产中过冷奥氏体的转变都是在连续冷却过程中进行的,所以 CCT 曲线可以直接用来分析实际生产中的奥氏体转变。过冷奥氏体连续冷却转变曲线和等温转变曲线有以下区别:首先,连续冷却转变曲线的位置比等温转变曲线靠右下方,过冷奥氏体转变的孕育区长,转变温度也低;其次,在高温转变区,连续冷却转变往往得到混合组织,组织晶粒外细内粗,而等温转变的产物为单一组织且均匀一致。连续冷却较难得到贝氏体,马氏体转变较完全,等温转变则相反。

亚共析钢、过共析钢与共析钢不同,在奥氏体转变为珠光体之前,就有先共析铁素体或渗碳体析出。因此在亚共析钢 C 曲线上多了一条铁素体析出线,过共析钢则多了一条渗碳体析出线。

C 曲线和 CCT 曲线用来制定热处理工艺,确定热处理工艺参数,选择冷却介质;用来分析热处理后钢的组织和性能;判断钢的淬透性及合理选用钢种;为研制新淬火剂和新钢种提供依据。

3. 钢的热处理工艺

钢的热处理工艺一般分为常规热处理、化学热处理、表面热处理。常规热处理即通常所说的"四把火"(退火、淬火、正火和回火)。

1)退火

它是把钢件缓慢加热到一定温度,经过适当保温,然后缓慢冷却,获得近于平衡组

织的热处理工艺。其目的是对材料的硬度进行软化、成分均匀化、组织稳定化及晶粒细化。根据热处理的目的和要求的不同，可将退火分为扩散退火、完全退火、球化退火、再结晶退火和去应力退火。

2）正火

它是把钢件加热到 A_{c3} 或 A_{ccm} 以上，进行适当保温使组织奥氏体化，然后在空气中自然冷却，获得先析出相加细珠光体的热处理工艺。正火的目的和退火有些相似。但由于正火冷却速度比退火快，所以同一种钢经正火后的强度、硬度比退火高。低碳钢就可以采用正火来改善机械加工性能。中碳钢采用退火和正火均可改善机械加工性能，相比之下正火周期短、韧性降低小，可以获得较好的综合性能，故也常用于最终热处理，来代替调质处理。高碳钢则要经过球化退火改善切削性能。当有网状二次渗碳体时用正火来消除，且还要经过球化退火。

3）淬火

淬火是把钢件加热到 A_{c3} 或 A_{c1} 以上 30～50℃，经过适当保温，然后快速冷却，以获得马氏体组织的热处理工艺，其工艺参数的选择见表 1-6。淬火的目的是提高钢的硬度和强度，与回火相配合可获得不同的使用性能。

表 1-6　淬火工艺参数

淬火工艺参数	加热温度	对于亚共析钢 A_{c3} 以上 30～70℃ 对于共析或过共析钢 A_{c1} 以上 30～70℃
	保温时间	获得均匀细化奥氏体的时间，一般可由经验公式确定
	冷却速度	由冷却介质确定，碳钢通常用水冷，合金钢用油冷

根据不同的冷却方法，淬火可分为单液淬火、双液淬火、分级淬火和等温淬火。钢的冷处理是指把经过淬火的钢件继续冷却到零下某一温度，使钢中残余奥氏体变为马氏体的热处理工艺。钢的淬透性是指钢在淬火时获得马氏体层深度的能力。淬透性常用规定条件下淬硬层深度来表示，用末端淬火法评定。

4）回火

回火是把淬火后的钢件加热到 A_{c1} 以下的某个温度，经过适当保温，然后冷却到室温的热处理工艺。回火的目的为获得所需的力学性能；减小淬火内应力；稳定材料内部组织和零件外形及尺寸。

（1）淬火钢回火时组织变化分为四个阶段（表 1-7）。

（2）回火的分类（表 1-8）。

（3）回火脆性。

随着回火温度的升高，在某温度范围内钢的冲击韧性出现反常下降，这种现象称为回火脆性。在 250～350℃ 范围内出现的回火脆性具有不可逆性，称为第一类回火脆性。某些含有 Cr、Ni、Mn、Si 等元素的合金钢在 450～650℃ 范围内也出现脆性，可用快冷方法防止它出现（加入 Mo、W 也能有效地防止它出现），这类回火脆性称为第二类回火脆性。碳钢热处理后获得的组织见表 1-9。

表 1-7　淬火钢回火时组织变化

回火阶段	温度范围	回火组织结构	性能变化特点
第一阶段	<200℃	M$_回$（α 过饱和固溶体和与其共格的细小弥散的 Fe$_{2.4}$C）	晶格畸变降低，淬火内应力减小，硬度基本不变，但韧性提高
第二阶段	200～300℃	M$_回$为主：残余奥氏体转变为下贝氏体，马氏体分解继续	硬度降低不大，淬火应力进一步降低
第三阶段	250～400℃	T$_回$（相转变为 Fe$_3$C，组织由针状 F 和弥散分布的细粒状 Fe$_3$C 构成）	淬火应力大部分消除，钢的强度和硬度下降，塑性升高，弹性最好
第四阶段	>400℃	Fe$_3$C 聚集长大，F 发生回复与再结晶	强度、硬度继续下降，塑性继续升高

注：在 500～600℃间的回火产物（调质后的组织）称为回火索氏体（S$_回$），它是由等轴 F 晶粒和粒状 Fe$_3$C 组成，综合力学性能良好；在 650℃～A$_1$ 间的回火产物称为回火珠光体，组织与珠化体退火相似

表 1-8　回火工艺分类

种类	加热温度	组织	性能	应用
低温回火	150～250℃	M$_回$+碳化物	高硬度、高耐磨 58～62HRC	刃具、量具、冲模、轴承、渗碳件、表面淬火
中温回火	350～500℃	T$_回$	高屈服强度、弹性极限和韧性，35～50HRC	弹簧、弹性夹具、热锻模
高温回火	500～600℃	S$_回$	良好的综合力学性能，200～300 HB	轴、齿轮、连杆、螺栓

5）化学热处理

化学热处理是将工件置于某种化学介质中，通过加热和保温，使介质中某些元素渗入工件表面层，从而改变钢件表面层的化学成分、组织和性能的热处理工艺。化学热处理依靠某些元素的活性原子向工件表面层渗入和扩散而进行的，因此都要经历介质的分解、吸附和扩散三个过程。常用的化学热处理有渗碳、渗氮、碳氮共渗、渗硫、渗硼和渗金属等。

根据所有渗碳剂在渗碳过程中聚集状态的不同，渗碳方法可分为固体渗碳法、液体渗碳法及气体渗碳法三种。根据渗氮目的不同，渗氮工艺方法分为两大类：一类是以提高工件表面硬度、耐磨性及疲劳强度为目的的工艺，称为强化渗氮；另一类是以提高工件表面抗腐蚀性能为目的的工艺，称为防腐渗氮。根据共渗温度不同，可以把碳氮共渗分为高温、中温、低温三种。

6）表面热处理

主要是指表面淬火工艺，而表面淬火则是指处理工件在表面有限深度范围内加热至相变点以上，然后迅速冷却，在工件表面一定深度范围内实现淬火的热处理工艺。表面淬火通常分为感应加热表面淬火、火焰加热表面淬火、电接触加热表面淬火、电解液加热表面淬火、激光加热表面淬火和电子束加热表面淬火等几类。

表1-9　碳钢热处理组织

组织	珠光体类			贝氏体		马氏体 M		回火组织		
	P	S	T	B 上	B 下	低 C（板条状）	高 C（针状）	M 回	T 回	S 回
组织本质	F 与 Fe₃C 片状交错的机械混合物			F（含 C 稍过饱和）与 Fe₃C 的机械混合物		C 在 α-Fe 中的过饱和固溶体		C 在 α-Fe 中的过饱和固溶体和固溶体+极细 ε 碳化物	F（再结晶不完全）+极细颗粒 Fe₃C	F+细颗粒 Fe₃C
组织特征	指纹状 → Fe₃C 片间距↓			羽毛状	竹叶状	（板条状）	（针状）	黑色针状或板条状	针状 F+极细颗粒 Fe₃C	F+颗粒状 Fe₃C
性能特征	随 Fe₃C 片细 R_m、HB↑ 而 Z 变化不大			R_m、HB 大于 P 类组织；韧性差	塑性、韧性较好	R_m、HB 均大；塑性、韧性较好	极硬脆	R_m、HB 大而较 M 脆性小	R_e 大	综合力学性能好
强化机理	第二相强化 Fe₃C 细化，R_m、HB↑ C%↑Fe₃C↑HB↑			第二相强化 固溶强化		固溶强化（C 过饱和）加工硬化（A→M 时切变引起）C%↑HB↑		同 M 但应力脆性↓ ← 细化 Fe₃C，R_e、HB↑A↓	第二相强化，硬相成颗粒，性较好	
获得方法	等温处理 正火 退火			等温淬火		淬　火		淬火+低温回火	淬火+中温回火	淬火+高温回火

第三节　习　　题

一、填空题

1. 共析钢的奥氏体化过程可分为＿＿＿＿＿、＿＿＿＿＿、＿＿＿＿＿、＿＿＿＿＿四个阶段。

2. 共析钢加热到奥氏体状态，冷却后获得的组织取决于钢的＿＿＿＿＿。

3. 共析钢过冷奥氏体在 A_1～650℃温度区间等温转变的产物是＿＿＿＿＿。

4. 共析钢过冷奥氏体在 650～600℃温度区间等温转变的产物是＿＿＿＿＿。

5. 共析钢过冷奥氏体在 600～550℃温度区间等温转变的产物是＿＿＿＿＿。

6. 共析钢过冷奥氏体在 550～350℃温度区间等温转变的产物是＿＿＿＿＿。

7. 共析钢过冷奥氏体在 350～230℃温度区间等温转变的产物是＿＿＿＿＿。

8. 亚共析钢的正常淬火温度范围是＿＿＿＿＿。

9. 过共析钢的正常淬火温度范围是＿＿＿＿＿。

10. 钢中马氏体是碳在 α-Fe 中的过饱和＿＿＿＿＿，具有＿＿＿＿＿点阵。

11. 板条状马氏体具有高的＿＿＿＿＿及一定的＿＿＿＿＿与＿＿＿＿＿，它的强度与奥氏体＿＿＿＿＿有关，＿＿＿＿＿越细则强度越高。

12. 在钢的各种组织中，马氏体的比容＿＿＿＿＿，而且随着 $w(C)$ 的增加而＿＿＿＿＿。

13. 当钢发生奥氏体向马氏体组织的转变时。原奥氏体中 $w(C)$ 越高，则 M_f 点越＿＿＿＿＿，转变后的残余奥氏体量越＿＿＿＿＿。

14. 钢经＿＿＿＿＿淬火可获得下贝氏体组织，使钢具有良好的＿＿＿＿＿性能。

15. 淬火钢的回火温度越高，钢的抗拉强度和硬度越＿＿＿＿＿。

16. 淬火+高温回火称＿＿＿＿＿处理。

17. 第二类回火脆性主要产生于含＿＿＿＿＿、＿＿＿＿＿、＿＿＿＿＿等合金元素的钢中，其产生的原因是钢中晶粒边界的＿＿＿＿＿增加的结果、这类脆性可用＿＿＿＿＿冷来防止，此外在钢中加入＿＿＿＿＿和 Mo 及＿＿＿＿＿热处理等方法也能防止回火脆性。

18. 为改善钢的耐磨性能，常采用的热处理方法为：淬火+＿＿＿＿＿回火。

19. 为使钢获得高的硬度，应进行淬火加＿＿＿＿＿回火。

20. 为使钢获得理想的综合力学性能，应进行淬火+＿＿＿＿＿回火。

21. 为使钢获得理想的弹性，应进行淬火+＿＿＿＿＿回火。

22. 钢的淬硬性随着 $w(C)$ 的增加而＿＿＿＿＿。

23. 根据钢的热处理原理可知，凡使 C 曲线＿＿＿＿＿移的因素，都提高钢的淬透性。

24. 钢的淬透性越高，则临界冷却速度越＿＿＿＿＿；其 C 曲线的位置越＿＿＿＿＿。

25. 根据共析碳钢转变产物的不同，可将 C 曲线分为＿＿＿＿＿、＿＿＿＿＿和＿＿＿＿＿三个转变区。

26. 退火的冷却方式是＿＿＿＿＿，常用的退火方法有＿＿＿＿＿、＿＿＿＿＿及＿＿＿＿＿等。

27. 本质晶粒度是根据标准实验方法，在＿＿＿＿＿℃、保温＿＿＿＿＿小时后测定的奥氏体晶粒大小。

28. 共析钢加热到均匀的奥氏体化状态后缓慢冷却,稍低于 A_1 温度将形成_____,为_____与_____的机械混合物,其典型形态为_____或_____。

29. 由于过冷奥氏体等温转变图通常呈_____,所以又称_____,也称为_____。

30. 把钢加热到临界点 A_{c1} 或 A_{c3} 以上保温并随之以大于临界冷却速度冷却,用以得到介稳状态的马氏体或下贝氏体组织的热处理工艺方法称为_____。

31. 淬火钢低温回火后的组织是_____,其目的是使钢具有高的_____和_____;中温回火后的组织是_____,一般用于高_____的结构件;高温回火后的组织是_____,用于要求足够高的_____及高的_____的零件。

32. 淬火时,钢件中的内应力超过钢的_____强度时,便会引起钢件的变形;超过钢的_____强度时,钢件便会发生裂纹。

33. 常见淬火缺陷有_____、_____、_____和_____等。

34. 感应加热是利用_____原理,使工件表面产生_____而加热的一种加热方式。

35. 我国常用的感应加热设备中,高频设备频率范围为_____Hz,中频设备频率范围为_____Hz,工频设备频率范围为_____Hz。

36. 工件经感应加热表面淬火后,表面硬度一般比普通淬火的高_____,这种现象称为_____。

37. 化学热处理包括_____、_____、_____三个基本过程。

38. 目前生产中用得较多的可控气氛渗碳法有_____和_____两种。

39. 渗碳零件表面碳含量应控制在_____之间为宜,否则会影响钢的力学性能。$w(C)$ 过低,使_____下降,$w(C)$ 过高,使_____增大。

40. 根据氮化零件所用钢材和技术条件不同,抗磨氮化可分为_____、_____和_____三种。

二、选择题

1. 共析钢奥氏体化后,在 A_1~680℃范围内等温,其转变产物是(　　)。
   A. 上贝氏体　　　　　　　　　　B. 屈氏体
   C. 索氏体　　　　　　　　　　　D. 珠光体
   当共析碳钢过冷奥氏体的转变产物为珠光体型组织,则其等温温度范围内为(　　)。
   A. A_1~550℃　　　　　　　　　B. 550℃~350℃
   C. 350℃~M_s　　　　　　　　　D. 低于 M_s

2. 珠光体的转变温度越低,则(　　)。
   A. 珠光体片越细,硬度越高　　　B. 珠光体片越细,硬度越低
   C. 珠光体片越粗,硬度越高　　　D. 珠光体片越粗,硬度越低

3. 共析钢的过冷奥氏体在 550~350℃温度区间等温转变时,所形成的组织是(　　)。
   A. 下贝氏体　　　　　　　　　　B. 索氏体
   C. 上贝氏体　　　　　　　　　　D. 珠光体

4. 共析钢的过冷奥氏体在 300℃左右等温转变时，所形成的组织是（　　　）。

    A. 上贝氏体   B. 下贝氏体

    C. 索氏体   D. 珠光体

5. 上贝氏体和下贝氏体的力学性能相比较（　　　）。

    A. 上贝氏体的强度和韧性高   B. 下贝氏体的强度和韧性高

    C. 两者都具有高的强度和韧性   D. 两者都具有低的强度和韧性

6. 生产中采用等温淬火是为了获得（　　　）。

    A. 马氏体组织   B. 珠光体组织

    C. 下贝氏体组织   D. 上贝氏体组织

7. 马氏体的硬度取决于（　　　）。

    A. 奥氏体的晶粒度   B. 淬火冷却速度

    C. 合金元素的含量   D. 马氏体的含碳量

8. 影响碳钢淬火后残余奥氏体量的主要因素是（　　　）。

    A. 钢中碳化物的含量   B. 钢中铁素体的含量

    C. 钢材本身的含碳量   D. 钢中奥氏体的含碳量

9. 亚共析钢常用的退火方法是（　　　）。

    A. 完全退火   B. 球化退火

    C. 等温退火   D. 均匀化退火

10. 为使高碳钢便于机械加工，常预先进行（　　　）；

    A. 淬火   B. 正火   C. 球化退火   D. 回火

    为改善过共析钢的切削加工性，应采用（　　　）。

    A. 完全退火   B. 去应力退火

    C. 球化退火   D. 均匀化退火

11. 精密零件为了提高尺寸稳定性，在冷加工后应进行（　　　）。

    A. 再结晶退火   B. 完全退火

    C. 均匀化退火   D. 去应力退火

12. 将碳钢缓慢加热到 500～600℃，保温一段时间，然后缓冷的工艺称为（　　　）。

    A. 去应力退火   B. 完全退火

    C. 球化退火   D. 等温退火

13. 对硬度在 160HBW 以下的低碳钢、低合金钢，为改善其切削加工性能，应采用的热处理工艺是（　　　）。

    A. 调质   B. 渗碳   C. 球化退火   D. 正火

14. 35 钢锻坯切削加工前，应进行的预备热处理是（　　　）。

    A. 去应力退火   B. 正火   C. 球化退火   D. 淬火

15. 为消除过共析钢中的网状渗碳体，应采用的热处理工艺是（　　　）。

    A. 调质   B. 正火   C. 球化退火   D. 渗碳

16. 为消除碳素工具钢中的网状渗碳体而进行正火，其加热温度是（　　　）。

    A. $A_{ccm}+$（50～70）℃   B. $A_{ccm}+$（50～70）℃

C. $A_{c1}+$（50～70）℃　　　　　　　D. $A_{c3}+$（50～70）℃

17. 过共析钢正常的淬火加热温度是（　　）。

　　A. $A_{c1}+$（30～70）℃　　　　　　　B. $A_{ccm}+$（30～70）℃

　　C. $A_{c3}+$（30～70）℃　　　　　　　D. $A_{c1}-$（30～70）℃

18. 钢的回火处理是在（　　）。

　　A. 退火后进行　　　　　　　　　　B. 正火后进行

　　C. 淬火后进行　　　　　　　　　　D. 淬火前进行

19. 淬火+高温回火的组织是（　　）。

　　A. 回火马氏体　　　　　　　　　　B. 回火屈氏体

　　C. 回火索氏体　　　　　　　　　　D. 珠光体

20. 淬火钢在300～400℃回火时，可达到最高值的力学性能是（　　）。

　　A. 抗拉强度　　　　　　　　　　　B. 弹性极限

　　C. 屈服强度　　　　　　　　　　　D. 塑性

21. 淬火钢回火时，随着回火温度的升高（　　）。

　　A. 强度和硬度升高，塑性和韧性升高

　　B. 强度和硬度升高，塑性和韧性降低

　　C. 强度和硬度降低，塑性和韧性升高

　　D. 强度和硬度降低，塑性和韧性降低

22. 钢的淬硬性主要取决于（　　）。

　　A. 碳含量　　　　　　　　　　　　B. 合金元素

　　C. 冷却介质　　　　　　　　　　　D. 杂质元素

23. 钢的淬透性主要决定于（　　）。

　　A. 含碳量　　　　　　　　　　　　B. 合金元素

　　C. 冷却速度　　　　　　　　　　　D. 尺寸大小

24. 多晶体的晶粒越细，则其（　　）。

　　A. 强度越高，塑性越好　　　　　　B. 强度越高，塑性越差

　　C. 强度越低，塑性越好　　　　　　D. 强度越低，塑性越差

25. 根据 Fe-C 相图，温度在 A_1 以下时，碳钢的平衡组织为（　　）或（　　）加（　　）或（　　）加（　　）。

　　A. 珠光体　　　　B. 渗碳体　　　　C. 铁素体　　　　D. 马氏体

26. 如果珠光体的形成温度较低，在光学显微镜下，很难辨别其铁素体片与渗碳体片的形态，由电子显微镜测定其片层间距，在800～1000Å，这种细片状珠光体，工业上称为（　　）。

　　A. 超细珠光体　　　B. 索氏体　　　C. 屈氏体　　　D. 马氏体

27. 实际生产中退火的种类很多，按其物理本质的不同可分为（　　）、（　　）和（　　）三大类。

　　A. 重结晶、再结晶、去应力退火　　B. 扩散、球化、去应力退火

　　C. 再结晶、完全、去应力退火　　　D. 去氢、扩散、重结晶退火

28. 当残余奥氏体比较稳定，在较高温度回火加热保温时未发生分解，而在随后冷却时转变为马氏体。这种在回火冷却时残余奥氏体转变为马氏体的现象称为（　　）。

  A. 二次硬化   B. 回火抗性

  C. 二次淬火   D. 孪晶马氏体反稳定化

29. 真空热处理、可控气氛热处理、辉光离子热处理和（　　）等热处理技术是当代发展起来的具有广泛应用前景的新技术。

  A. 表面淬火   B. 复合热处理

  C. 化学热处理   D. 表面热处理

30. 合金钢在回火时，由于合金碳化物直接从马氏体中析出，且呈高度弥散状态，使钢的硬度提高，这种现象称为（　　）。

  A. 固溶强化   B. 加工硬化   C. 二次硬化   D. 细晶强化

31. T12 钢出现网状二次 Fe_3C，应选用下列哪种热处理工艺消除？（　　）

  A. 完全退火   B. 正火   C. 扩散退火   D. 球化退火

32. 为了获得性能较好的下贝氏体组织，应选用下列哪种热处理工艺？（　　）

  A. 单液淬火   B. 双液淬火   C. 等温淬火

33. 在下列调质钢中，淬透性最好的是（　　）。

  A. 45 钢   B. 40Cr   C. 40CrMn   D. 40CrMnMo

34. 有一共析钢的组织是针状的，针叶上有平行分布的 Fe_3C 细颗粒，这是（　　）。

  A. 针状 M   B. $B_下$（ε-碳化物）

  C. 回火 M   D. 残余 A

35. 某 45 钢制小轴，淬火后硬度不足，其原因是（　　）或（　　）。

  A. 淬火温低于 A_3 B. 没有冷处理

  C. 冷速太慢   D. 保温时间太长

36. 说奥氏体向贝氏体的转变是半扩散型的，是指（　　）。

  A. 转变存在孕育期

  B. 转变存在孕育期，Fe、C 原子均扩散

  C. 转变不存在孕育期

  D. 转变存在孕育期，Fe 原子不扩散，C 原子扩散

37. 将三块 45 钢退火小试样，分别加热到 720℃、750℃、840℃，保温后迅速水冷，最后分别得到（　　）。（$A_1=727℃$，$A_3=780℃$）

  A. 都是 M   B. F+P，F+M，M+A 残余

  C. 都是 F+P   D. P+Fe_3C，Fe_3C+M，M+A 残余

38. 调质处理是指（　　）。

  A. 淬火＋中温回火   B. 退火

  C. 淬火＋高温回火   D. 正火

三、判断题

（　　）1. 铁素体相为面心立方点阵，渗碳体为复杂正交点阵，奥氏体为体心立方

点阵,三者点阵结构相差很大。

（　　）2. 珠光体的片层间距主要取决于其形成温度。在连续冷却条件下,冷却速度越大,珠光体形成温度越低,即过冷度越大,则片层间距越小。

（　　）3. 珠光体的形成过程,包含着两个同时进行的过程:一个是通过碳的扩散生成低碳的渗碳体和高碳的铁素体;另一个是晶体点阵重构,由面心立方奥氏体转变为体心立方的马氏体和复杂单斜点阵的回火组织。

（　　）4. 所谓本质细晶粒钢,就是一种在任何加热条件下晶粒均不粗化的钢。

（　　）5. 低碳钢中的马氏体组织,因其显微组织是由许多成群的板条组成的,故又称为板条马氏体。对某些钢因板条不易浸蚀显现出来,而往往呈现为块状,所以有时也称为块状马氏体,又因为这种马氏体的亚结构主要为位错,通常也称为位错型马氏体。

（　　）6. 马氏体的等温转变一般不能进行到底,完成一定的转变量后就停止了。

（　　）7. 淬火的主要目的是提高钢的强度,因此淬火钢就可以不经过回火而直接使用。

（　　）8. 硬度实验操作既简便,又迅速,不需要制备专门试样。也不会破坏零件。根据测得的硬度值还能估计近似的强度值,因而是热处理工人最常用的一种力学性能实验方法。

（　　）9. 大量的实验结果都证明,在屈服强度相同的条件下,位错型马氏体具有较高的硬度,且比孪晶马氏体的韧性差得多。

（　　）10. 为了减小工件与淬火介质之间的温差,减小内应力,可以把欲淬火的工件,在淬入淬火介质之前,先水冷一段时间,这种方法称为"预冷淬火法"。

（　　）11. 使钢中的碳化物球状化,或获得"球状珠光体"的退火工艺称为球化退火。因其也能够消除或减少化学成分偏析及显微组织的不均匀性,所以也称扩散退火。

（　　）12. 退火和正火一般安排在粗加工后,精加工之前。

（　　）13. 表面淬火既能改变钢表面的化学成分,也能改善其心部的组织与性能。

（　　）14. 淬火、低温回火后能保证钢件有高的弹性极限和屈服强度、并有很好韧性,它常应用于处理各类弹簧。

（　　）15. 一般碳钢件停锻后在空气中冷却,相当于回火处理。

四、综述题

1. 何谓钢的热处理?钢的热处理有哪些基本类型?

2. 指出共析碳钢加热时奥氏体形成分哪几个阶段?并说明亚共析碳钢及过共析碳钢奥氏体形成与共析碳钢相比的主要区别。

3. 指出影响奥氏体形成速度和奥氏体实际晶粒度的因素。

4. 何谓本质细晶粒钢?本质细晶粒钢的奥氏体晶粒是否一定比本质粗晶粒钢的细?

5. 为什么用铝脱氧的钢及加入少量 Ti、Zr、V、Nb、W 等合金元素的钢都是本质细晶粒钢?奥氏体晶粒大小对转变产物的力学性能有何影响?

6. 将 20 钢及 60 钢同时加热到 860℃,并保温相同时间,问哪种钢奥氏体晶粒粗大些？

7. 珠光体类型组织有哪几种？它们在形成条件、组织形态和性能方面有何特点？

8. 贝氏体类型组织有哪几种？它们在形成条件、组织形态和性能方面有何特点？

9. 马氏体组织有哪几种基本类型？它们的形成条件、晶体结构、组织形态、性能有何特点？马氏体的硬度与含碳量关系如何？

10. 说明共析碳钢 C 曲线各个区、各条线的物理意义，并指出影响 C 曲线形状和位置的主要因素。

11. 试比较共析碳钢过冷奥氏体等温冷却转变曲线与连续冷却转变曲线的异同点。

12. 共析钢奥化体化后，以不同冷却速度连续冷却，结果都得不到贝氏体，用 CCT 曲线说明；用什么方式才能使奥氏体转变为贝氏体？

13. 淬火临界冷却速度 v_k 的大小受哪些因素影响？它与钢的淬透性有何关系？

14. 钢获得马氏体组织的条件是什么？与钢的珠光体相变和贝氏体相变相比较，马氏体相变有何特点？

15. 将 ϕ5mm 的 T8 钢加热至 760℃并保温足够时间，问采用什么样的冷却工艺可得到如下组织：珠光体、屈氏体、上贝氏体、下贝氏体、屈氏体+马氏体、马氏体+少量残余奥氏体。在 C 曲线上描出工艺曲线示意图。

16. 退火的主要目的是什么？生产上常用的退火工艺有哪几种？指出退火工艺的应用范围。

17. 何谓球化退火？为什么过共析钢必须采用球化退火而不采用完全退火？

18. 什么是回火？回火的分类、回火的目的是什么？回火的四个阶段具有怎样的特点？如何避免回火脆性，回火冷却时应注意什么？

19. 试说明下述组织结构及力学性能特点，并回答它们之间的区别与联系。

珠光体和球化组织；马氏体和回火马氏体；索氏体和回火索氏体；屈氏体和回火屈氏体。

20. 确定下列钢件的退火方法，并指出退火目的及退火后的组织：

（1）经冷轧后的 15 钢板，要求降低硬度；

（2）用 ZG35 铸造的齿轮；

（3）锻造过热的 60 钢锻坯；

（4）具有片状渗碳体的 T12 钢坯。

21. 指出下列零件的锻造毛坯进行正火的主要目的及正火后的显微组织：

（1）20 钢齿轮；

（2）45 号钢小轴；

（3）T12 钢锉刀。

22. 一批 45 号钢试样（尺寸 ϕ15mm×10mm），因其组织、晶粒大小不均匀，需采用退火处理，拟采用以下几种退火工艺：

（1）缓慢加热到 700℃，保温足够时间，随炉冷却到室温。

（2）缓慢加热到 840℃，保温足够时间，随炉冷却到室温。

（3）缓慢加热到 1100℃，保温足够时间，随炉冷却到室温。

上述三种工艺各得到何种组织? 若要得到大小均匀的细晶粒,选用何种工艺最合适?

23. 淬火的目的是什么? 亚共析钢及过共析碳钢淬火加热温度应如何选择? 试从获得的组织及性能等方面加以说明。

24. 常用的淬火冷却介质有哪些? 说明其冷却特性、优缺点及应用范围。

25. 某钢的等温转变曲线如习题图 1-14 所示,说明该钢在 300℃经不同时间等温后;按 (a)、(b)、(c) 三种形式冷却后得到的组织。

26. 某钢的连续转变曲线如习题图 1-15 所示,试指出该钢按图中 (a)、(b)、(c)、(d) 速度冷却后得到的室温组织。

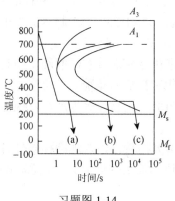

习题图 1-14

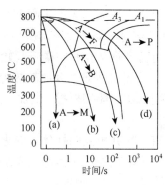

习题图 1-15

27. 说明 45 钢试样 (ϕ10mm) 经下列温度加热,保温并在水中冷却得到的室温组织:700℃、760℃、840℃、1100℃。

28. 有两个碳含量为 1.2%的碳钢薄试样,分别加热到 780℃和 860℃并保温相同时间,使之达到平衡状态,然后以大于 v_k 的冷却速度冷至室温,试问:

(1) 哪个温度加热淬火后马氏体晶粒较粗大?

(2) 哪个温度加热淬火后马氏体碳含量较多?

(3) 哪个温度加热淬火后残余奥氏体较多?

(4) 哪个温度加热淬火后未熔碳化物较少?

(5) 你认为哪个温度淬火合适? 为什么?

29. T12 钢加热到 770℃以后,保温足够时间,问采用什么样的冷却方式得到如下组织? 在 C 曲线上描出冷却曲线。①索氏体+Fe$_3$C;②下贝氏体;③屈氏体+马氏体;④马氏体十少量残余奥氏体。

30. 指出下列工件的淬火及回火温度,并说明其回火后获得的组织和大致硬度。

(1) 45 号钢小轴 (要求综合力学性能好);

(2) 60 号钢弹簧;

(3) T12 钢锉刀。

31. 为什么工件经淬火后往往会产生变形,有的甚至开裂? 减少变形及防止开裂有哪些途径?

32. 淬透性和淬硬层深度两者有何联系和区别？影响钢淬透性的因素有哪些？影响钢制零件淬硬层深度的因素有哪些？

33. 钢的淬硬层深度通常是怎样规定的？用什么方法测定结构钢的淬透性？怎样表示钢的淬透性值？

34. 指出下列符号的意义：①$J\frac{42}{2}$；②$J\frac{36}{10-15}$；③$J\frac{30\sim35}{10}$。

35. 回火的目的是什么？常用的回火工艺有哪几种？指出各种回火工艺得到的组织、性能及其应用范围。

36. 甲、乙两厂生产同一种零件，材料均选用 45 钢，硬度要求 220～250HB，甲厂采用正火，乙厂采用调质，都达到硬度要求。试分析甲、乙两厂产品的组织和性能的差别。

37. 退火、正火、淬火、回火的主要区别是什么？为什么在工厂制造受力不大的碳钢零件时，常用正火来代替调质？

38. 有低碳钢齿轮和中碳钢齿轮各一个，为了使齿轮表面具有高的硬度和耐磨性，各应采取怎样的热处理？并比较热处理后它们的组织和性能的差别。

39. 用低碳造船钢板打一把锄头，为使其刃部耐磨，进行淬火处理，发现淬不硬，为什么？

40. 有一块共析钢圆柱体，淬火后从中间剖开磨光后浸蚀，发现圆柱体外有一亮圆白圈为马氏体；而中心未淬透。试根据习题图 1-16 所示的圆柱体剖面，示意地在 C 曲线上画出所淬各点的冷却曲线。

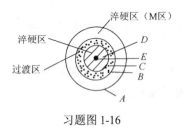

习题图 1-16

41. 拟用 T10 钢制造形状简单的车刀，工艺路线为：锻造—热处理—机加工—热处理—抛磨。

（1）试写出各热处理工序的名称并指出各热处理工序的作用。

（2）制订最终热处理工艺规范（温度、冷却介质）。

（3）指出最终热处理后的显微组织和大致硬度。

42. 含 0.3%C 和 0.5%C 两种钢淬火后，都回火到 500℃，试问哪种钢 R_m、HB 大？哪一个钢的 K、a_k 大？为什么？同样是含 0.45%C 的钢一个回火到 500℃，一个回火到 650℃，哪一个 R_m、HB 大？哪一个 K、a_k 大？为什么？

43. 一把厚 5mm 的锉刀，材料为 T12 钢，经球化退火、780℃淬火、160℃低温回火后，硬度达 65HRC，现用火焰将锉刀一头加热，并依靠热的传导，使锉刀上各点达到如习题图 1-17 所示温度，保温 15min 后，立即全部淬入水中。试问当锉刀冷到室温后，各点部位的组织与硬度以及可能产生的缺陷有哪些？

44. 一根直径为 6mm 的 45 号钢圆棒，先经 840℃加热淬火，硬度为 55HRC（未回火），然后从一端加热，依靠热传导使 45 号钢圆棒上各点达到如习题图 1-18 所示的温度，试问：

（1）各点部位的组织是什么？

（2）整个圆棒自图示各温度，缓冷至室温后各部位的组织是什么？

（3）若自图示各温度水淬快冷至室温后各部位的组织又是什么？

习题图 1-17

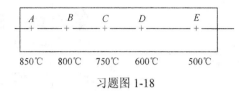
习题图 1-18

45. 表面淬火的目的是什么？常用的表面淬火方法有哪几种？比较它们的优缺点及应用范围；并说明表面淬火前应采用何种预先热处理？

46. 化学热处理包括哪几个基本过程？常用的化学热处理方法有哪几种？

47. 渗碳的主要目的是什么？渗碳层深度一般是怎样规定的？

48. 氮化的主要目的是什么？说明氮化的主要特点及应用范围。

49. 试说明下列处理工艺所需选用的是含碳多少的钢材，从表面到中心各得到什么组织？

（1）渗碳直接淬火+低温回火（中心淬透、中心未淬透）；

（2）渗碳空冷+860℃空冷+760℃淬火+低温回火；

（3）正火+火焰表面淬火+低温回火；

（4）调质+高频表面淬火+低温回火；

（5）调质+氮化。

50. 用位错运动特性解释：

（1）铁素体比 α-Fe 的强度、硬度大，马氏体比铁索体强度大的原因；

（2）同样空冷条件下，60 钢比 40 钢的强度、硬度大，塑性、韧性小的原因；

（3）回火索氏体综合力学性能比索氏体好的原因；

（4）回火屈氏体比回火索氏体强度、硬度大的原因。

51. 有一 45 钢试样，加热至 850℃保温，使之达到平衡状态，然后以较快的速度（如空冷）冷却至室温后，发现珠光体相对量比平衡状态下要多，这是什么原因？

52. 习题图 1-19 为某钢连续冷却转变曲线，请注明按冷却曲线 1～4 冷到室温各得到什么组织。

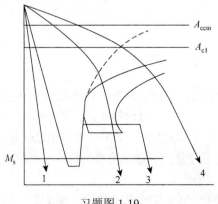
习题图 1-19

第六章　碳钢与铸铁

第一节　学习目的与要求

（1）碳钢中的杂质元素及作用。

（2）碳钢的分类及牌号、用途。

（3）影响石墨的因素。

（4）铸铁的分类与牌号。

（5）铸铁的组织和性能特点、用途。

第二节　内 容 提 要

一、碳钢的牌号及编制方法

碳钢中常见的杂质元素有：有益的 Mn、Si，有害的 S、P、O、H、N 等，S 会引起钢的热脆，P 会产生冷脆。

1. 碳钢的分类方法

（1）按化学成分分类：碳素钢和合金钢。

（2）按质量分类：普通钢、优质钢和高级优质钢。

（3）按冶炼方法分类：根据炉别分为平炉钢、转炉钢和电炉钢；根据脱氧程度分为沸腾钢、镇静钢和半镇静钢。

（4）按用途分类：结构钢、工具钢和特殊钢。

2. 牌号的编制方法

数字+元素符号+数字。前面的数字表示钢的平均碳含量。结构钢以万分之一为单元；工具钢和特殊性能钢以千分之一为单位。若碳含量大于 1%时不标出。中间是合金元素的元素符号。后面的数字表示合金元素的含量，以平均含量的百分之几表示。当含量小于 1.5%时，只标出元素，不标出含量；若含量等于或大于 1.5%、2.5%、3.5%等，则相应地以 2、3、4 等表示。

3. 用途

（1）普通碳素结构钢。

这类钢主要保证力学性能。一般情况下，在热轧状态使用，不再进行热处理。但对某些零件，也可以进行正火、调质、渗碳等处理，以提高其使用性能。

牌号和用途：Q195、Q215、Q235A、Q235B 等钢塑性较好，有一定的强度。通常轧制成钢筋、钢板、钢管等，可用于桥梁、建筑物等构件，也可用做普通螺钉、螺帽、铆钉等。

（2）优质碳素结构钢。

优质碳素结构钢主要用于制造各种机器零件，使用前一般都要进行热处理。

08F 塑性好，可制造冷冲压零件。

10、20 钢冷冲压性与焊接性能良好，可用做冲压件及焊接件，经过热处理（如渗碳）也可以制造轴、销等零件。

35、40 钢经热处理后，可获得良好的综合力学性能，用来制造齿轮、轴类、套筒等零件。

60、65 钢主要用来制造弹簧。

（3）碳素工具钢：碳素工具钢用来制造各种刃具、量具、模具等。

T7、T8 硬度高、韧性较高，可制造冲头、凿子、锤子等工具。

T9、T10、T11 硬度高，韧性适中，可制造钻头、刨刀、丝锥、手锯条等刃具及冷作模具等。

T12、T13 硬度高，韧性较低，可制作锉刀、刮刀等刃具及量规、样套等量具。

碳素工具钢使用前都要进行热处理。

二、铸铁

铸铁是碳含量大于 2.11%的铁碳合金，工业上常用铸铁的碳含量在 2.5%～4%。铸铁是工业中应用很广泛的一种金属材料，它比其他金属材料便宜，加工工艺简单；其次铸铁还有良好的消振性、耐磨性、耐蚀性以及优良的铸造工艺性和切削加工性等。

1. 铸铁的分类与特点

1）铸铁的分类

按碳在铸铁中的存在形式可分为白口铸铁和灰口铸铁；而依石墨的形态，铸铁又分为灰铸铁、蠕墨铸铁、球墨铸铁和可锻铸铁。

2）特点

（1）组织特点：铸铁的组织＝钢的基体+各种形态的石墨。

（2）性能特点：与钢比较，铸铁具有良好的铸造性、切削加工性等优点。

铸铁的分类与组织特点见表 1-10。

$$Fe_3C \longrightarrow 3Fe+C$$

表 1-10　铸铁的分类及组织特点

名称	典型牌号	石墨形态	组织	用途
灰铸铁	HT200 HT350	片状	F+G$_片$ F+P+G$_片$	床身、机座
可锻铸铁	KTH370-12 KTZ450-06	团絮状	F+G$_团$ P+G$_团$	弯头、车轮壳、差速器壳
球墨铸铁	QT700-2	球状	F+G$_球$ F+P+G$_球$ P+G$_球$	曲轴、主轴
蠕墨铸铁	RuT380	蠕虫状	F+G$_蠕虫$ F+P+G$_蠕虫$	气缸盖

2. 铸铁的石墨化过程及其影响因素

Fe_3C 与石墨（G）相比较，前者属亚稳态，后者属稳态。因此，Fe_3C 在一定条件下发生分解。

1）石墨化过程

按照 Fe-Fe$_3$C 相图，可将石墨的形成过程分为三个阶段。

（1）第 1 阶段石墨化。

从铸铁液相中直接析出一次石墨（过共晶成分的铸铁）。在共晶温度析出共晶石墨（G$_{共晶}$）。

$$L_{C'} \xrightarrow{1154℃} A_{E'} + G_{共晶}$$

（2）第二阶段石墨化。

在 1154～738℃ 温度范围内的冷却过程中，从奥氏体中析出二次石墨（G$_{II}$）。

（3）第三阶段石墨化。

在共析温度析出共析石墨（G$_{共析}$）。

$$L_{S'} \xrightarrow{788℃} F_{P'} + G_{共析}$$

2）影响石墨化的因素

（1）温度与时间。

温度越高，保温时间越长，则石墨化越易进行。

（2）合金元素的影响。

合金元素对石墨化过程有比较强烈的影响。按元素对石墨化的影响可分两大类：

促进石墨化的元素有 C、Si、Al、Cu、Ni；

阻碍石墨化的元素有 Cr、W、Mo、V、S。

（3）冷却速度。

冷却速度越大，越不利于石墨化的进行。相反，降低冷却速度则有利于石墨的析出。

三、铸铁的热处理

铸铁的性能主要取决于石墨的形态，由于热处理不能改变石墨的形态，所以对灰铸铁采用强化型热处理，其效果不大，所以灰铸铁的热处理仅限于消除应力退火、软化退火以及表面淬火等。对于球墨铸铁，由于石墨对基体组织的分割作用小，所以钢的一些热处理方法均可用在球铁上。

第三节　习　　题

一、填空题

1. 普通碳钢中淬透性最好的是碳含量为_____的碳钢。

2. 为使 45 钢获得良好的强韧性，应采用的热处理是_____。

3. 碳钢按质量分为_____、_____、_____三类，它们的主要区别在于钢中_____和_____杂质的含量不同。

4. 弹簧钢淬火后采用中温回火，可以得到_____组织。

5. 60 钢牌号中"60"的含义是_____。

6. T8 钢中碳的平均含量约为_____。

7. 碳钢中的有益元素是_____、_____，有害杂质元素是_____、_____。

8. 20 钢属_____钢，其含碳量为_____；45 钢属_____钢，其碳含量为_____；T12 钢属_____钢，其含碳量为_____。

9. 为了改善碳素工具钢的切削加工性能，通常采用的预备热处理是_____。

10. T10 钢锉刀，通常采用的最终热处理为淬火+_____回火。

11. 灰铸铁和球铁孕育处理时，常加入孕育剂是_____。

12. 常见的铸造合金中，普通灰铸铁的收缩较_____。

13. 可锻铸铁的石墨形态是_____。

14. 球墨铸铁的石墨形态是_____。

15. 常见的铸造合金中，铸钢的收缩较_____。

16. 硫存在钢中，会使钢产生_____，磷存在钢中会使钢产生_____。

17. 灰铸铁的石墨形态是_____。

18. HT200 中"200"表示铸铁的_____。

19. QT600-3 牌号中"3"的含义是_____。

20. KTZ700-02 牌号中，"700"的含义是_____。

21. KTZ700-02 牌号中，"KTZ"的含义是_____。

22. 白口铸铁中碳主要以_____的形式存在，灰口铸铁中碳主要以_____的形式存在。

23. 铸铁的石墨化过程分为三个阶段，分别为_____、_____和_____。

24. 铸铁的基体有_____、_____和_____三种。

25. 可锻铸铁铸件的生产方法是先_____，再进行_____。

二、选择题

1. T10 钢锻坯切削加工前，应进行的预备热处理是（　　）。
   A. 去应力退火　　　　　　　　B. 完全退火
   C. 球化退火　　　　　　　　　D. 再结晶退火

2. T8 钢的最终热处理是（　　）。
   A. 球化退火　　　　　　　　　B. 淬火+低温回火
   C. 调质　　　　　　　　　　　D. 渗碳

3. 灰口铸铁与钢相比较，力学性能相近的是（　　）。
   A. 冲击韧性　　　　　　　　　B. 塑性
   C. 抗压强度　　　　　　　　　D. 抗拉强度

4. 制造承受低载荷的支架（铸坯），应选用的材料是（　　）。
   A. 35　　　　B. 40Cr　　　　C. QT600-3　　　D. HT100

5. 关于球墨铸铁，下列叙述中错误的是（　　）。
   A. 可以进行调质，以提高力学性能　　B. 抗拉强度可优于灰口铸铁

　　　C. 塑性较灰口铸铁差　　　　　　　　　D. 铸造性能不及灰口铸铁

6. 在下列铸造合金中，适宜制造大型曲轴的是（　　　）。
　　　A. 灰口铸铁　　　　　　　　　　　　B. 白口铸铁
　　　C. 球墨铸铁　　　　　　　　　　　　D. 可锻铸铁

7. 在可锻铸铁的显微组织中，石墨的形态是（　　　）。
　　　A. 片状的　　　　B. 球状的　　　　C. 蠕虫状的　　　D. 团絮状的

8. 灰口铸铁的石墨形态是（　　　）
　　　A. 片状　　　　　B. 蠕虫状　　　　C. 球状　　　　D. 团絮状

9. 灰口铸铁凝固收缩小，这是因为其（　　　）。
　　　A. 结晶温度范围大　　　　　　　　　B. 含碳量低
　　　C. 结晶析出石墨　　　　　　　　　　D. 浇注温度低

10. 为消除灰口铸铁中较多的自由渗碳体.以便切削加工，可采用（　　　）。
　　　A. 低温石墨化退火　　　　　　　　　B. 高温石墨化退火
　　　C. 再结晶退火　　　　　　　　　　　D. 去应力退火

11. 下列化学元素在铸铁中，阻碍石墨化的是（　　　）。
　　　A. 碳　　　　　　B. 硅　　　　　　C. 硫　　　　　　D. 磷

12. 可锻铸铁的石墨形态是（　　　）。
　　　A. 片状　　　　　B. 球状　　　　　C. 蠕虫状　　　　D. 团絮状

13. 可锻铸铁适宜制造薄壁小件，这是由于浇注时其（　　　）
　　　A. 流动性较好　　　　　　　　　　　B. 收缩较小
　　　C. 易得到白口组织　　　　　　　　　D. 石墨化完全

14. 球墨铸铁中的石墨为（　　　）。
　　　A. 蠕虫状　　　　B. 片状　　　　　C. 球状　　　　D. 团絮状

15. 球墨铸铁球化处理时，加入的球化剂是（　　　）。
　　　A. 稀土镁钛合金　　　　　　　　　　B. 稀土镁合金
　　　C. 75 硅铁　　　　　　　　　　　　D. 锰铁

16. 下列材料中，平衡状态下强度最高的是（　　　）；
　　　A. T9　　　　　　B. Q195　　　　　C. 45　　　　　　D. T7
　　　平衡状态下抗拉强度最高的材料是（　　　）。
　　　A. T9　　　　　　B. 65　　　　　　C. 20　　　　　　D. 45

17. 下列碳钢在平衡状态下，硬度最高的材料是（　　　）；
　　　A. T10　　　　　B. T8　　　　　　C. 45　　　　　　D. 20
　　　下列钢中，平衡状态下硬度最高的材料是（　　　）。
　　　A. 20　　　　　　B. T12　　　　　C. Q235　　　　　D. 65

18. 下列碳钢在平衡状态下，硬度最低的材料是（　　　）；
　　　A. T7　　　　　　B. T12　　　　　C. 15 钢　　　　　D. 45 钢
　　　下列钢中，平衡状态下硬度最低的材料是（　　　）。
　　　A. Q235　　　　　B. T9　　　　　　C. 45　　　　　　D. T13

19. 下列碳钢在平衡状态下，塑性最差的材料是（　　　）；

  A. 25　　　　　B. T12　　　　　C. T9　　　　　D. 65

  下列钢中，平衡状态下塑性最差的材料是（　　　）。

  A. 60　　　　　B. 45　　　　　C. T10　　　　　D. 20

20. 下列碳钢在平衡状态下，塑性最好的材料是（　　　）；

  A. T9　　　　　B. T12　　　　　C. 15　　　　　D. 65

  下列材料中，平衡状态下塑性最好的材料是（　　　）。

  A. 45　　　　　B. T8　　　　　C. 20　　　　　D. T12

21. 平衡状态下冲击韧性最好的材料是（　　　）；

  A. Q195　　　　B. T7　　　　　C. T10　　　　　D. 45

22. 下列碳钢在平衡状态下，韧性最差的材料是（　　　）；

  A. Q215　　　　B. T12　　　　　C. 30　　　　　D. T8

  下列碳钢在平衡状态下，韧性最差的材料是（　　　）。

  A. 40　　　　　B. T12　　　　　C. Q215　　　　D. T8

23. 下列材料中，平衡状态下冲击韧性最差的材料是（　　　）；

  A. T7　　　　　B. T13　　　　　C. 35　　　　　D. Q195

  下列材料中，平衡状态下冲击韧性最低的是（　　　）。

  A. T10　　　　　B. 20　　　　　C. 45　　　　　D. T8

24. 铸铁石墨化的几个阶段完全进行，其显微组织为（　　　）。

  A. F+G　　　　　B. F+P+G　　　　　C. P+G

25. 铸铁石墨化的第一、二阶段完全进行，第三阶段部分进行，其显微组织为（　　　）。

  A. F+G　　　　　B. P+G　　　　　C. F+P+G

26. 铸铁的石墨化过程的第一、二阶段完全进行，第三阶段未进行，其显微组织为（　　　）。

  A. F+P+G　　　　　B. P+G　　　　　C. F+G

27. 机架和机床床身应选用（　　　）。

  A. 白口铸铁　　　　　B. 灰口铸铁　　　　　C. 麻口铸铁

28. 优质钢与普通钢的区别在于（　　　）。

  A. 优质钢强度大　　　　　B. 优质钢塑性大

  C. 优质钢中含 S、P 量少

29. 在下列三种钢的室温平衡组织中，珠光体所占比例最多的是（　　　）。

  A. 45 钢　　　　　B. 20 钢　　　　　C. T8 钢　　　　　D. T12 钢

30. 下列三种钢的室温平衡组织中，先共析铁素体所占比例最大的是（　　　）。

  A. 20 钢　　　　　B. 45 钢　　　　　C. T8 钢

31. 钢的室温平衡组织中，随含碳量的增加，（　　　）。

  A. F 相对量增大　　　　　B. Fe_3C 相对量增大

  C. F 相对量减少，Fe_3C 不变　　　　　D. Fe_3C 相对量减少

32. 含碳量为 1.4% 的钢室温平衡组织中珠光体的相对量约为（　　　）。

  A. 53%　　　　　B. 89.3%　　　　　C. 11.7%

33. 08 号钢碳含量为（　　）。
A. 0.8%　　　　　　　　B. 8%　　　　　　　　C. 0.08%

34. 制造弹簧应选用（　　）。
A. 45 钢　　　　　　　　B. A3 钢　　　　　　　C. 60 钢
D. T12　　　　　　　　E. 20 钢

35. 制造机器零件应选用（　　）。
A. T12　　　　B. 45 钢　　　　C. A3　　　　D. 10 钢

36. 造船钢板应选用（　　）。
A. 低 C 钢　　　　　　　B. 中 C 钢　　　　　　C. 高 C 钢

三、判断题

（　　）1. 碳素工具钢经热处理后有良好的硬度和耐磨性，但红硬性不高，故只宜用做手动工具等。
（　　）2. 在碳钢中具有共析成分的钢，比亚共析钢和过共析钢有更好的淬透性。
（　　）3. 石墨化是指铸铁中碳原子析出形成石墨的过程。
（　　）4. 可锻铸铁可在高温下进行锻造加工。
（　　）5. 热处理可以改变铸铁中的石墨形态。
（　　）6. 球墨铸铁可通过热处理来提高其力学性能。
（　　）7. 采用整体淬火的热处理方法，可以显著提高灰铸铁的力学性能。
（　　）8. 采用热处理方法，可以使灰铸铁中的片状石墨细化，从而提高其力学性能。
（　　）9. 铸铁可以通过再结晶退火使晶粒细化，从而提高其力学性能。
（　　）10. 灰铸铁的减振性能比钢好。
（　　）11. 钢铆钉一般用低碳钢制成。
（　　）12. 钳工锯 T10、T12 钢料时比锯 10、20 钢费力，且锯条容易磨钝。

四、简述题

1. 简述影响石墨化的主要因素。
2. 钢中常存的杂质有哪些？硫、磷对钢的性能有哪些有害和有益的影响？
3. 要制造机床主轴、拖拉机后桥齿轮、铰刀、汽车板簧等，拟选择合适的钢种，并提出热处理工艺。其最后组织是什么？性能如何？
4. 某工厂生产一种柴油机的凸轮，其表面要求具有高硬度（>50HRC），而零件心部要求具有良好的韧性（K>50J/cm^2），本来是采用 45 钢经调质处理后再在凸轮表面上进行高频淬火，最后进行低温回火。现因工厂库存的 45 钢已用完，只剩下 15 号钢，试说明以下几个问题。
（1）原用 45 钢各热处理工序的目的。
（2）改用 15 钢后，仍按 45 钢的上述工艺路线进行处理，能否满足性能要求？为什么？

（3）改用 15 钢后，应采用怎样的热处理工艺才能满足上述性能要求？为什么？

5. 试总结铸铁石墨化发生的条件和过程。

6. 试述石墨形态对铸铁性能的影响。

7. 出现下列不正常现象时，应采取什么有效措施予以防止和改善？

（1）灰口铸铁磨床床身铸造以后就进行切削，在切削加工后不允许发生变形。

（2）灰口铸铁薄壁处出现白口组织，造成切削加工困难。

8. 白口铸铁、灰口铸铁和碳钢，这三者在成分、组织和性能上有何主要区别？

9. 为什么一般机器的支架、机床的床身用灰口铸铁铸造？

10. 指出下列铸铁的类别、用途及性能的主要指标：

（1）HT150，HT400；

（2）KT350-10，KTZ700-2；

（3）QT420-10，MQT1200-1。

11. 比较退火状态下的 45、T8、T12 钢的硬度、强度和塑性的高低，并简述原因。

五、工艺分析题

1. 机床床头箱传动齿轮，45 钢，模锻制坯。要求齿部表面硬度 52～56HRC，齿轮心部应具有良好的综合力学性能。其工艺路线为：下料→锻造→热处理①→机械粗加工→热处理②→机械精加工→齿部表面热处理③淬火+低温回火→精磨。指出热处理①、②、③的名称及作用。

2. 普通车床主轴要求具有良好的强韧性，轴颈处硬度要求 48～52HRC。现选用 45 钢制造，其工艺路线如下：下料→锻造→热处理①→粗切削加工→热处理②→精切削加工→轴颈热处理③、④→磨削。指出其工艺过程路线中应选用的热处理方法及目的，并说明轴颈处的最终热处理组织。

3. 用 T10 钢制造形状简单的车刀，其工艺路线为：锻造→热处理①→机加工→热处理②、③→磨削加工。写出其中热处理工序的名称、作用及最终组织。

4. 滚齿机上的螺栓，本应用 45 钢制造，但错用了 T12 钢，其退火、淬火都沿用了 45 的钢的工艺，问此时将得到什么组织和性能？

5. 用 T10A 钢制造小尺寸手工丝锥，刃部硬度要求 59～62HRC，柄部硬度要求 30～45HRC。其工艺路线如下：

下料→热处理①→切削加工→热处理②、③→柄部热处理④→切削加工。指出其工艺过程路线中应选用的热处理方法及目的，并说明刃部、柄部的最终热处理组织。

6. 用 T10A 钢制造钻头，硬度要求为 59～62HRC，其工艺流程为：锻造→预先热处理→切削加工→淬火+低温回火→精加工。该钢经检验，证明锻造后组织有网状碳化物。

（1）指出其工艺过程路线中预先热处理方法及作用。

（2）指出钻头制成后的最终组织。

第七章 合 金 钢

第一节 学习目的与要求

本章是工程材料课程的重点章节。为了能合理地使用材料，必须对合金钢有较深入的了解，懂得每类钢的优缺点，以及何时选用何种类型的合金钢。

本章简要地阐明了合金化的原理；并分别介绍了各种合金钢的主要用途、合金化中基本原则、常用的热处理工艺以及相应的性能特点。

通过学习应达到以下基本要求。

（1）了解合金元素对钢中各种相，及各相之间的平衡关系有什么影响。

（2）比较牢固地掌握合金元素对钢中相变过程的影响规律，即对热处理的影响。

（3）了解合金元素对钢力学性能的影响规律，即合金钢中的组织与性能的关系。

（4）基本做到能根据钢号判断出它是属于哪一类钢，有什么基本用途。

（5）对各类具体的钢种（重点为结构钢）能比较正确回答以下问题：①该类钢的主要用途及性能特点。②该类钢的合金化原则——加入哪些合金元素？为什么要加入这些元素？③通过何种热处理该类钢才能达到所要求的性能？④一般性了解进一步提高该类钢性能的途径。

第二节 内 容 提 要

1. 合金元素在钢中的作用

1）合金元素

按与碳的亲和力大小，可将合金元素分为碳化物形成元素（Mn、Cr、Mo、W、V、Nb、Zr、Ti 等）和非碳化物形成元素（如 Ni、Co、Si、Al、Cu、N、B 等）。此外，还有稀土元素 RE。

2）合金元素对钢中基本相的影响

合金元素在钢中的存在主要有以下两种形式。

（1）合金元素溶入铁碳合金中三个基本相（铁素体、渗碳体和奥氏体）中，分别形成合金铁素体、合金渗碳体和合金奥氏体。合金元素在铁素体和奥氏体中起固溶强化作用。

（2）合金元素与碳形成碳化物。可形成一系列合金碳化物，如 TiC、NbC、VC、Mo_2C、W_2C、$Cr_{23}C_6$ 等。一般来说合金碳化物熔点高、硬度高，加热时难以溶入奥氏体，故对钢的性能有很大的影响。

3）合金元素对钢中相平衡的影响

按合金元素对 Fe-Fe_3C 相图上的相区影响，可将合金元素分为两大类。

（1）扩大 γ 区的元素。

即奥氏体稳定化元素。它们能扩大 γ 相存在的温度范围。如 Mn、Ni、Co 等（完全扩大 γ 区的元素）和 C、N、Cu 等（部分扩大 γ 区的元素）。

（2）扩大 α 区的元素。

即使铁素体稳定化的元素。它们能缩小 γ 相存在的温度范围。完全封闭 γ 区元素有 Cr、Mo、W、V、Ti、Al、Si 等；部分缩小 γ 区元素有 B、Nb、Zr 等。这就是在高合金钢中可能得到奥氏体钢或铁素体钢的原因。

合金元素的上述作用给合金钢的平衡组织和热处理工艺带来一些新的变化。

扩大奥氏体区的直接结果是使共析温度下降，而缩小奥氏体区则使共析温度升高。因此合金钢的热处理温度也必须相应地降低或升高。

合金元素均使钢的 E 点和 S 点向左移动。共析钢中碳含量小于 0.77%，出现共晶组织的最低含碳量也小于 2.11%。

4）合金元素对钢热处理的影响

（1）合金元素对加热时奥氏体形成过程的影响。

合金元素会大大延缓奥氏体形成过程，因此合金钢的热处理加热温度和保温时间都应更高和更长些。合金碳化物可阻止奥氏体晶粒长大，即能显著地细化奥氏体晶粒，使钢的力学性能提高。

V、Ti、Ni、Zr、Al 等元素强烈阻碍奥氏体晶粒长大，Mn、P 促使奥氏体晶粒长大；Si、Ni、Cu 对奥氏体晶粒长大影响不大。

（2）合金元素对过冷奥氏体转变的影响。

除 Co 外，所有的合金元素都使 C 曲线向右移动，降低钢的临界冷却速度，从而提高钢的淬透性。除 Co、Al 外，所有的合金元素都使 M_s 和 M_f 点下降，其结果使淬火后钢中残余奥氏体量增大。残余奥氏体量过高时，钢的硬度下降，疲劳强度下降，因此应很好地控制其含量。

（3）合金元素对回火过程的影响。

Ⅰ合金元素可提高钢的回火稳定性。回火稳定性是钢对于回火时所发生的软化过程的抗力。提高回火稳定性较强的元素有 V、Si、Mo、W、Ni、Mn、Co 等。

Ⅱ产生二次硬化现象：若钢中含有大量的碳化物形成元素如 W、V、Mo 等，在 400℃ 以上回火时形成和析出如 W_2C、Mo_2C 和 VC 等高弥散度的合金碳化物，使钢的强度、硬度升高，即产生二次硬化现象。Mo、W 可以避免高温回火脆性出现。

Ⅲ增大回火脆性：合金钢淬火后在某一温度范围内回火时将比碳钢发生更明显的脆化现象。含 Cr、Mn、Ni 的钢对第二类回火脆性最敏感，而 Mo、W 等能减少这种敏感性。因此，大截面工件要选用含 Mo、W 的钢，以避免第二类回火脆性。

5）合金元素对钢的力学性能的影响

（1）合金元素对钢的强度的影响。

合金元素可以通过细晶强化、固溶强化、第二相强化使钢的强度增加。马氏体相变加上回火转变是钢中最经济最有效的综合强化手段。合金元素使钢能更容易地获得马氏体。只有得到马氏体，钢的综合强化才能得到保证。

（2）合金元素对钢的韧性的影响。

合金元素可通过下列途径使钢的韧性提高：细化晶粒、细化碳化物、提高钢的回火稳定性、改善基体（铁素体）的韧性（加 Ni）、消除回火脆性（加 Mo）。

2. 合金结构钢

合金钢分为合金结构钢、合金工具钢、特殊性能钢三类。

1）普通低合金结构钢

低合金结构钢如 Q345（16Mn）、Q420（15MnVN）等。主要用于制造桥梁、船舶、车辆、锅炉、高压容器、输油输气管道、大型钢结构等。一般在热轧空冷状态下使用。

成分特点：低碳（<0.2%），保证高韧性、良好的焊接性及冷成形性；加入 Mn，可强化铁素体、细化珠光体；加入 V、Nb、Ti，阻止热轧过程中晶粒长大，从而细化铁素体晶粒。

热处理工艺：热轧空冷态使用，必要时可正火后使用。使用状态组织为细 P+F。

典型牌号：Q345（16Mn）、Q420（15MnVN）。

普通低合金结构钢中有比较重要的一种，即船体结构钢。建造船舶结构（如外壳板、龙骨、肋骨、甲板）用的钢材称为船体结构钢，简称船体钢。

船体材料、结构涉及和建造工艺是保证船体结构获得优异性能的三个主要方面，其中船体材料是开展结构设计和制定建造工艺的基础。船体钢的发展概况，从碳素船体钢到低合金船体钢。

船体钢的性能特点：较高的韧性、良好的可焊性和冷热弯性能。

成分特点：一般碳素船体钢的含碳量不超过 0.25%。合金船体钢随着合金元素的加入，含碳量要有所降低。合金船体钢中常加入的合金元素有 Mn、Si、Ni、Cr、Mo、V、Ti、Nb 等。

国产碳素船体钢的成分特点：0.18%～0.23%C、0.35%～1.0%Mn、0.12%～0.35%Si、<0.05%S、<0.045%P。有一般强度船体结构钢和高强度船体结构钢。原来的牌号是 2C、3C、4C、5C，现在分为 A 级、B 级、D 级和 E 级。

常用的船用低合金高强钢有锰-硅系。军用系列分别为 901、902、903；镍-铬系低合金船体钢有 907 钢和 945 钢；调质型船体钢有铬-镍-钼系调质型船体钢 921、922、923 及改型的 921A、922A、923A；锰-钼系调质型船体钢 909。还有奥氏体型船体钢 917 钢。

结合舰船上所用材料，掌握海军船体用钢的牌号和成分特点、合金元素作用、热处理方式及性能特点。

2）合金渗碳钢

凡进行渗碳热处理的钢种都称为渗碳钢。

主要用于制造汽车、拖拉机中的变速齿轮，内燃机上的凸轮轴、活塞销等机器零件。这类零件在工作中遭受强烈的摩擦磨损，同时又承受较大的交变载荷，特别是冲击载荷。性能要求具有表面硬度高、耐磨性好、接触疲劳抗力高；心部在保证塑性、韧性的前提下应有较高的强度和硬度。

成分特点：低碳（0.1%～0.25%）；加入 Cr、Mn、Ni、B，用以强化基体、提高淬透性，保证心部有一定淬透深度，使之有足够的强韧性；加入 V、Ti、W、Mo，形成合金碳化物阻止渗碳时晶粒长大。

合金渗碳钢的热处理工艺：一般都是渗碳后直接淬火，再低温回火。渗碳之后可以先正火，以消除过热组织，然后再进行淬火、低温回火。其处理后组织为：表面为回火马氏体+合金渗碳体+A残；心部淬透处为低碳回火马氏体，未淬透处为屈氏体及F（少量）。

典型牌号：20Cr、20MnVB、20CrMnTi、18Cr2Ni4WA。其中用量最大的是 20CrMnTi，制造汽车、拖拉机齿轮、凸轮。

3）合金调质钢

用于制造服役条件为弯曲、扭转、拉压、冲击等复杂应力的重要零件，如齿轮、轴类件、连杆、螺栓等。调质钢的热处理是淬火+高温回火。某些零件，除了要求有良好的综合力学性能，还要求工件表面有较好的耐磨性，可在调质后进行感应加热表面淬火或进行专门的化学热处理，如氮化等。

成分特点：中碳（0.3%～0.5%），保证热处理后有足够的强度，又有较好的韧性；加入 Cr、Ni、Mn、Si、B 提高淬透性，保证淬火时获得马氏体，回火后有良好综合力学性能；加入 W 或 Mo，防止第二类回火脆性。

热处理工艺：调质处理即淬火后高温回火（500～650℃），组织为回火索氏体。

典型牌号：40Cr、40MnB、35CrMo、40CrNiMo。其中 40Cr 是最常用的合金调质钢，广泛用于轴、齿轮等结构零件。汽车后桥半轴常用 40Cr 制造。

4）合金弹簧钢

用途及性能要求：用做减振储能的各类弹簧和弹性元件。要求该钢具有高的弹性极限（R_p）、高的屈强比（R_{eH}/R_m）、较高的抗拉强度（R_m）和疲劳极限（S），足够的塑性和韧性。

成分特点：中高碳（0.5%～0.7%）以保证强度；主要加入 Mn、Si、Cr 等，提高淬透性、强度和屈强比；辅加元素是少量的 W、V 等。

热处理工艺：热成形弹簧钢热轧钢丝或钢板制成，然后淬火+中温回火（450～550℃），其组织为回火屈氏体，如果再进行喷丸处理，可进一步提高其疲劳强度。冷成形弹簧一般用冷拔弹簧钢丝（片）卷成，进行消除应力的低温退火（200～300℃）。

5）滚动轴承钢

用途及性能要求：用于制作各类滚动轴承的内外套圈、滚动体，也广泛用于制造精密量器、冷冲模、机床丝杠等耐磨件。要求硬度高、耐磨性好、接触疲劳抗力高，并具有足够的韧性。

成分特点：高碳（0.95%～1.15%）保证热处理后达到最高硬度值，同时获得一定数量的耐磨碳化物。主加 Cr，为了提高淬透性，同时获得细小、均匀的铬碳化物，而提高耐磨性和接触疲劳抗力。为了制造大尺寸轴承，加入 Si、Mn 可进一步提高淬透性。

热处理工艺：球化退火、淬火加低温回火。组织为回火马氏体、细小粒状碳化物、少量残余奥氏体。

典型牌号：GCr9、GCr15、GCr15SiMn。

3. 合金工具钢

1）合金刃具钢

用来制造各类刃具的钢种称为刃具钢。

低合金刃具钢用于制作各种低速刃具、冷压模具、量具。

性能要求：高硬度、高耐磨性，一定的热硬性及必要的韧性。

成分特点：高碳，常加入 Cr、Mn、Si、V 及 W 等，这些合金元素能提高淬透性、保证高的硬度和耐磨性，同时也提高回火抗力。

热处理工艺：球化退火、淬火加低温回火，组织为回火马氏体、未溶的细小碳化物、少量残余奥氏体。

典型牌号：9SiCr、CrWMn。

高速钢：是刃具钢中最重要钢种。

用途及性能要求：用于制造在较高切削速度下工作的刃具（工作温度低于 600℃）。性能要求是具有高硬度、高耐磨性、高热硬性。

成分特点：高碳（0.7%～1.10%），保证高硬度和耐磨性；加入 Cr 提高淬透性；加入 W、Mo 保证高的热硬性；加入 V 提高耐磨性。

加工工艺：下料→多次锻造→球化退火→机械加工→预热（一次预热 500～600℃、二次预热 800～850℃）→淬火（1220～1280℃）→560℃三次回火→磨削开刃。组织为回火马氏体、合金碳化物和少量残余奥氏体。

典型牌号：W18Cr4V、W6Mo5Cr4V2。具有高的强度、硬度和耐磨性。

2）合金模具钢

冷作模具钢：制造冷冲模、冲头、拉拔模、冷挤压模、冷剪切模、滚丝模等。

性能要求：具有高硬度、高耐磨性、高疲劳强度、热处理变形小。

成分特点：高碳（>1%）保证硬度和耐磨性；加入 Cr、Mo、W、V 等元素以提高抗拉强度、疲劳强度、淬透性、耐磨性。

热处理工艺：淬火后低温回火。组织为回火马氏体、合金碳化物和少量残余奥氏体。

典型牌号：CrWMn、Cr2MoV。冷模具钢可以用刃具钢制造，如 9SiCr、9Mn2V、W18Cr4V 等。

热作模具钢：用于制造热锻模、热压模、热挤压模、压铸模等。

性能要求：具有较高的热磨损抗力、热强性、热疲劳抗力及高的化学稳定性。

成分特点：中碳（0.3%～0.6%）保证较高的韧性及热疲劳抗力；加入 Cr、Ni、Mn 提高淬透性；加入 W、Mo、V 提高热硬性和热强性。

热处理工艺：淬火后中温或高温回火，组织为回火屈氏体或回火索氏体。

典型牌号：5CrMnMo、5CrNiMo、3Cr2W8V。

热作模具钢。制作各种热锻模、热压模、热挤压模和压铸模等，热处理为淬火后高温回火（550℃左右）。

4. 特殊性能钢

特殊性能钢分为不锈钢与耐热钢两种。

大部分金属的腐蚀属于电化学腐蚀。可采用获得单相组织、加入合金元素提高金属基体电位、形成钝化膜等措施来提高材料耐蚀性。

用途及性能要求：用于制作化工容器、医疗器械、汽轮叶片及食品用具等。性能要求具有高的耐腐蚀性、高塑性，有的零件还要求有高强度、高硬度等。

成分特点：碳含量一般为微碳或低碳，耐蚀性要求越高，碳含量越低。加入铬，提高耐蚀性，不锈钢中最低铬含量为13%。加入足够的镍或铬获得单相铁素体或单相奥氏体以提高耐蚀性。加入钛、铌等元素同碳形成稳定的碳化物以减轻晶间腐蚀。

热处理工艺：根据不锈钢牌号不同，可采用不同的热处理工艺。可采用淬火+低温回火或高温回火，其组织为回火马氏体或回火索氏体；单相奥氏体组织的不锈钢，采用固溶处理，其组织为奥氏体；含 Ti、Nb 的不锈钢，采用稳定化处理，其组织为奥氏体+碳化物（TiC 等）。

不锈钢分为马氏体不锈钢 12Cr13（1Cr13）、20Cr13（2Cr13）、30Cr13（3Cr13）、40Cr13（4Cr13）；铁素体不锈钢 10Cr17（1Cr17）及奥氏体不锈钢 0Cr18Ni9Ti。

耐热钢是指具有高的耐热性的钢，即良好的高温抗氧化性和高温强度。高温抗氧化性是钢在高温下对氧化作用的抗力，而高温强度是钢在高温下承受机械负荷的能力。

提高耐热钢高温强度的方法：通常用固溶强化，即在钢中加入合金元素，形成单相固溶体。提高原子结合力，减缓元素扩散，提高钢再结晶温度，从而提高热强性；析出强化，即加入 V、Nb、Ti 等形成 VC、TiC、NbC 等，在晶内弥散析出、阻碍位错的运动，提高塑性变形抗力，从而提高热强性；晶界强化，即在钢中加入 Mo、Zr、V、B 等晶界吸附元素，降低晶界表面能，使晶界碳化物趋于稳定，使晶界强化，从而提高热强性。

常用的耐热钢有热化学稳定钢，常用钢种有 3Cr18Ni25Si2、3Cr18Mn12Si2N 等，具有好的抗氧化性。热强钢包括以下三种。

（1）珠光体耐热钢，如 15CrMo，在正火加回火状态下使用。

（2）马氏体耐热钢，如 1Cr13、2Cr3，用于制造汽轮机叶片和气阀等；1Cr2WMoV钢经淬火+高温回火处理后使用；4Cr9Si2 为汽车阀门用钢。

（3）奥氏体耐热钢，耐热性能优良，用于航空、舰艇、石油化工等工业部门制造汽轮机叶片、发动机气阀等，典型牌号是 1Cr18Ni9Ti。

第三节　习　题

一、填空题

1. 淬火钢在某些温度范围内回火时，韧性不仅没有提高，反而显著下降的现象称为_____。

2. GCr15 中碳的平均含量约为_____。

3. 40Cr 钢牌号中"40"的含义是_____。

4. 38CrMoAlA 中碳的平均含量为_____，42CrMo 中碳的平均含量为_____。

5. 1Cr13 中铬的平均含量约为_____，GCr15 中铬的平均含量约为_____。

6. 钢的耐热性是指钢在高温下兼有抗氧化性与_____的综合性能。

7. 滚动轴承钢 GCr9 中铬的含量约为_____。

8. 3Cr13 钢牌号中"3"的含义是_____。

9. 按钢中合金元素含量，可将合金钢分为_____钢、_____钢和_____钢，其合金元素含量分别为_____、_____、_____。

10. 根据合金元素在钢中与碳的相互作用，合金元素可分为_____和_____两大类。其中碳化物形成元素有_____。

11. 合金钢按用途分类可分为_____、_____和_____三类。

12. 除_____元素外，其他所有的合金元素都使 C 曲线向_____移动，使钢的临界冷却速度_____、淬透性_____。

13. 扩大奥氏体区域的合金元素有_____。

14. 扩大铁素体区域的合金元素有_____。

15. 除_____、_____元素以外，几乎所有的合金元素都能阻止奥氏体晶粒长大，起到细化晶粒的作用。

16. 几乎所有的合金元素（除_____、_____以外），都使 M_s 和 M_f 点_____。因此，淬火后相同碳含量的合金钢比碳钢的_____增多，使钢的硬度_____。

17. 对钢回火脆性敏感的元素是_____，为了消除回火脆性可采用_____和_____。

18. 合金钢中提高淬透性的常用合金元素为_____，其中作用最强烈的是_____。

19. 金属材料中能有效地阻止位错运动的方法有_____、_____、_____和_____四种，因而_____相变和_____转变是钢中最有效、最经济的综合强化手段。

20. 调质钢碳含量范围是_____，加入 Cr、Mn 等元素是为了提高_____，加入 W、Mo 是为了_____。

21. 40Cr 钢属_____钢，其碳含量为_____，铬含量为_____，可制造_____零件。

22. 工具钢按用途可分为_____、_____和_____。

23. 高速钢需要进行反复锻造的目的是_____，W18Cr4V 钢采用高温淬火（1260～1280℃）的目的是_____，淬火后在 550～570℃回火后出现硬度升高的原因是_____，经三次回火后的显微组织是_____。

24. 20CrMnTi 是_____钢，Cr、Mn 的主要作用是_____，Ti 的主要作用是_____，热处理工艺是_____。

25. W18Cr4V 是_____钢，碳含量是_____，W 的主要作用是_____，Cr 的主要作用是_____，V 的主要作用是_____，可制造_____。

二、选择题

1. 20CrMnTi 钢锻坯切削加工之前应进行的预备热处理是（   ）。
   A. 球化退火　　　　　　　　B. 调质
   C. 完全退火　　　　　　　　D. 正火

2. 60Si2Mn 钢制造板簧时，其最终热处理为（   ）。
   A. 淬火+中温回火　　　　　B. 调质
   C. 正火　　　　　　　　　　D. 淬火+低温回火

3. GCr15 轴承钢，通常采用的最终热处理为（ 　）。

   A. 调质   B. 去应力退火

   C. 淬火+低温回火   D. 淬火+中温回火

4. 制造手用丝锥，常选用的材料是（ 　）。

   A. 20Cr   B. 60   C. 9SiCr   D. Q235

5. 为了改善高速钢铸态组织中的碳化物不均匀性，应进行（ 　）。

   A. 完全退火   B. 正火   C. 球化退火   D. 锻造加工

6. 制造热锻模，常采用的材料是（ 　）。

   A. W18Cr4V   B. GCr15   C. 5CrMnMo   D. T9A

7. 量具的最终热处理一般为（ 　）。

   A. 淬火   B. 淬火+高温回火

   C. 中温淬火   D. 淬火+低温回火

8. 4Cr13 钢制医疗手术刀，要求较高的硬度，最终热处理应为（ 　）。

   A. 淬火+低温回火   B. 调质

   C. 氮化   D. 渗碳

9. 汽车变速器齿轮常选用的材料是（ 　）。

   A. GCr15   B. 20CrMnTi   C. 45   D. 9SiCr

10. 合金元素对奥氏体晶粒长大的影响是（ 　）。

   A. 均强烈阻止奥氏体晶粒长大

   B. 均强烈促进奥氏体晶粒长大

   C. 无影响

   D. 上述说法都不全面

11. 可以进行渗碳处理的钢有（ 　）。

   A. 16Mn、15、20Cr、1Cr13、12Cr2Ni4A

   B. 45、40Cr、65Mn、T12

   C. 15、20Cr、18Cr2Ni4WA、20CrMnTi

   D. 15、60Si2Mn、40CrNiMo

12. 要制造直径 25mm 的螺栓，要求整个截面上具有良好的综合力学性能，应选用（ 　）。

   A. 45 钢经正火处理

   B. 60Si2Mn 经淬火和中温回火

   C. 40Cr 钢经调质处理

13. 制造手用锯条应当选用（ 　）。

   A. T12 钢经淬火和低温回火   B. Cr12Mo 钢经淬火和低温回火

   C. 65 钢淬火后中温回火   D. 40Cr 经调质

14. 高速钢的红硬性取决于（ 　）。

   A. 马氏体的多少

   B. 淬火加热时溶入奥氏体中的合金元素的量

  C. 钢中的碳含量

15. 汽车、拖拉机的齿轮要求表面高耐磨性，中心有良好的强韧性，应选用（　　　）。
  A. 20 钢渗碳淬火后低温回火　　　　　B. 40Cr 淬火后高温回火
  C. 20CrMnTi 渗碳淬火后低温回火　　D. 65Mn 钢淬火后中温回火

16. 65、60Si2Mn、50CrV 等属于（　　　），其热处理特点是（　　　）。
  A. 工具钢，淬火+低温回火　　　　　B. 轴承钢，渗碳+淬火+低温回火
  C. 弹簧钢，淬火+中温回火　　　　　D. 调质钢，淬火+高温回火

17. 二次硬化属于（　　　）。
  A. 固溶强化　　　　　　　　　　　　B. 细晶强化
  C. 位错强化　　　　　　　　　　　　D. 第二相强化

18. 拖拉机和坦克履带板受到严重的磨损及强烈冲击，应选择用（　　　）。
  A. 20Cr 渗碳淬火后低温回火
  B. ZGMn13-3 经水韧处理
  C. W18Cr4V 淬火后低温回火

19. 对于 9SiCr 中的 Si（非碳化物形成元素），有下列作用（　　　）。
  A. 提高电极电位　　　　　　　　　　B. 形成碳化物，增加耐磨性
  C. 提高淬透性　　　　　　　　　　　D. 防止高温回火脆性

20. 下列钢中既是奥氏体不锈钢，又是耐热钢的是（　　　）。
  A. 12CrMoV　　　　B. 1Cr13　　　　　C. 1Cr18Ni9Ti

21. 下列钢中适合于做要求综合力学性能好的轴类的是（　　　）。
  A. 15MnTi　　　　　B. 37CrNi3　　　　C. 60Si2Mn　　　　D. W18Cr4V

22. Cr-Ni 奥氏体不锈钢比一般 Cr13 型不锈钢耐蚀性高的原因是（　　　）。
  A. 加 Ni 使固溶处理后得到单相奥氏体，减小微电池作用
  B. 前者含 Cr 量比后者高，因而使基体电位更正，更易钝化
  C. 加 Ni 使铁素体的电位进一步提高
  D. A 与 C 的联合作用

三、判断题

（　　　）1. 所有的合金元素都能提高钢的淬透性。

（　　　）2. 在钢中加入多种合金元素比加入单一元素的效果好些，因而合金钢将向合金元素多元少量方向发展。

（　　　）3. 调质钢加入合金元素主要是考虑提高其红硬性。

（　　　）4. 高速钢需要反复锻造是因为硬度高不易成型。

（　　　）5. 奥氏体型不锈钢不能进行淬火强化。

（　　　）6. T8 与 20MnVB 相比，淬硬性和淬透性都较低。

（　　　）7. 所有的合金元素均使 M_s、M_f 下降。

（　　　）8. 滚动轴承钢 GCr15 的含铬量为 15%。

（　　　）9. 调质处理的主要目的是提高钢的塑性。

（　　）10. 有高温回火脆性的钢，回火后采用油冷或水冷。

（　　）11. 对于受弯曲或扭转变形的轴类调质零件，也必须淬透。

（　　）12. 铸钢的铸造性能要比铸铁差，但常用于制造形状复杂、锻造有困难，要求有较高强度和塑性，并要求受冲击载荷，铸铁不易达到的零件。

四、简述题

1. 为什么要采用合金钢？合金元素对铁素体和渗碳体有何影响？这些影响对钢的性能及热处理起什么作用？

2. 合金元素对 Fe-Fe₃C 相图有什么影响？这些影响对钢的性能及热处理起什么作用？

3. 合金元素对 C 曲线有何影响？这些影响和钢的热处理有何关系？对钢的力学性能起何作用？

4. 合金元素对淬火钢的回火转变有何影响？为什么合金钢调质后比同样含碳量的碳钢调质后的综合力学性能好？

5. 什么是低温回火脆性和高温回火脆性？解释它们产生的原因，如何避免？

6. 试分析 40CrNiMo 钢为什么比 40 钢好？（即所含合金元素所起的作用）

7. 为什么比较重要的大截面的结构零件都必须用合金钢制造？与碳钢比较，合金钢有何优点？

8. 合金钢中经常加入的合金元素有哪些？怎样分类？

9. 为什么碳钢在室温下不存在单一奥氏体或单一铁素体组织，而合金钢中有可能存在这类组织？

10. 为什么低合金高强钢用锰作为主要的合金元素？

11. 什么是钢的回火脆性？下列几种钢中，哪类钢的回火脆性严重，如何避免：①45；②40Cr；③35SiMn；④40CrNiMo。

12. 试述渗碳钢和调质钢的合金化及热处理特点。

13. 为什么合金弹簧钢以硅为重要的合金元素？弹簧淬火后为什么要进行中温回火？为了提高弹簧的使用寿命，在热处理后应采用什么有效措施？

14. 轴承钢为什么要用铬钢？为什么对钢中的非金属夹杂物限制特别严格？

15. 解释下列现象：

（1）在相同碳含量下，除了含镍、锰的合金钢，大多数合金钢的热处理温度都比碳钢高；

（2）碳含量相同时，含碳化物形成元素的合金钢比碳钢具有较高的回火稳定性；

（3）碳含量≥0.4%，铬含量 12%的铬钢属于过共析钢，而含碳 1.0%，含铬 12%的钢属莱氏体钢；

（4）高速钢经热锻或热轧后，经空冷获得马氏体组织；

（5）在相同碳含量下，合金钢的淬火变形和开裂现象不易产生；

（6）调质钢在回火后需快冷至室温；

（7）高速钢需高温淬火和多次回火。

16. W18Cr4V 钢的 A_{c1} 为 820℃，若以一般工具钢 A_{c1}+（30～50）℃的常规方法来确定其淬火温度，最终热处理后能否达到高速切削刀具所要求的性能，为什么？其实际淬火温度是多少？W18Cr4V 钢刀具在正常淬火后都要进行 560℃ 三次回火，这又是为什么？

17. 直径为 25mm 的 40CrNiMo 棒料毛坯，经正火处理后硬度高，很难切削加工，这是什么原因？设计一个最简单的热处理方法以提高其机械加工性能。

18. 某厂的冷冲模原用 W18Cr4V 钢制造，在使用时经常发生崩刃、掉渣等现象，冲模寿命很短；后改用 W6Mo5Cr4V 钢制造，热处理时采用低温淬火（1150℃），冲模寿命大大提高。试分析其原因。

19. 一些中、小工厂在用 Cr12 型钢制造冷作模具时，往往是用原钢料直接进行机械加工或稍加改锻后进行机械加工，热处理后送交使用，经这种加工的模具寿命一般都比较短。改进的措施是将毛坯进行充分地锻造，这样的模具使用寿命有明显提高。这是什么原因？

20. 试分析 20CrMnTi 钢和 1Cr18Ni9Ti 钢中 Ti 的作用。

21. 试分析合金元素 Cr 在 40Cr、GCr15、CrWMn、1Cr13、1Cr18Ni9Ti 等钢中的作用。

22. 试就下列四个钢号：20CrMnTi、65、T8、40Cr 讨论如下问题：

（1）在加热温度相同的情况下，比较其淬透性和淬硬性，并说明理由；

（2）各种钢的用途、热处理工艺和最终的组织。

五、工艺分析题

1. 汽车半轴要求具有良好的强韧性，且杆部、花键处硬度要求≥52HRC。现选用 40Cr 钢制造，其工艺路线如下：下料（棒料）→锻造毛坯→热处理①→校直→粗加工→热处理②→精加工→热处理③、④→磨削。指出其工艺过程路线中应选用的热处理方法及目的，并说明杆部、花键处的最终热处理组织。

2. 一般精度的 GCr15 滚动轴承套圈，硬度为 60～65HRC。

（1）压力加工成形后、切削加工之前应进行什么预备热处理？其作用是什么？

（2）该零件应采用何种最终热处理？有何作用？

3. 用 W18Cr4V、W6Mo5Cr4V2Al 钢制造铣刀，其加工工艺路线为：下料→锻造毛坯→热处理①→机械加工→去应力退火→热处理②、③→磨削。请指出其工艺过程路线中热处理方法、目的及组织。

4. 用 20CrMnTi 钢制造汽车齿轮，要求齿面硬度为 58～62HRC，心部硬度为 35～40HRC。其工艺路线为：下料→锻造→热处理①→机械加工→热处理②、③、④→喷丸→磨削。

（1）指出热处理①、②、③、④的名称及作用；

（2）齿轮表层和心部的最终组织是什么？

第八章　有色金属及其合金

第一节　学习目的与要求

本章分别介绍了铝及铝合金、铜及铜合金、轴承合金的性能特点、主要用途及加工处理特点。一般地介绍了有色金属的主要强化方法。

通过学习应达到以下要求。

（1）能联系有色金属合金相图的特点，分析合金组织、性能与成分的关系及它们的主要强化方法。

（2）了解几种主要合金的成分、性能、加工处理的特点及主要用途。其中包括：不可热处理强化的变形铝合金（Al-Mg、Al-Mn 合金）；可热处理强化的变形铝合金 I （Al-Cu-Mg、Al-Cu-Mg-Zn 合金）；铸造铝合金（Al-Si 合金）。

（3）了解几种主要的铜合金的成分、性能、加工处理特点以及用途：黄铜的含 Zn 量对组织和性能的影响、牌号及用途；青铜中，锡青铜、铝青铜、铍青铜的组织及性能特点；白铜的牌号、性能特点及用途。

（4）了解钛合金的种类、性能特点、牌号及用途。

（5）了解轴承合金的成分及组织特点，适于作为轴瓦材料的原因。

第二节　内 容 提 要

除铁基合金以外的其他金属及其合金称为有色金属材料。有色金属材料主要有铝及铝合金、铜及铜合金、钛及钛合金、滑动轴承合金等。

1. 铝及铝合金

铝及铝合金的性能特点：相对密度小，比强度高；导电导热性好，抗大气腐蚀能力好；易冷成形、易切削，铸造性能好，有些铝合金可热处理强化。

铝合金可分为形变铝合金和铸造铝合金两大类，如表 1-11 所示。其热处理强化方式为时效强化，即经固溶处理后的合金随时间的延长而发生强化的现象。

2. 铜及铜合金

铜及铜合金的性能特点包括以下几点。

（1）优良的理化性能：导电导热性极好，抗蚀能力高，铜是抗磁性物质；

（2）良好的加工性能：易冷、热成形，铸造铜合金的铸造性能好；

（3）特殊的力学性能：减摩、耐磨（青铜、黄铜），高的弹性极限及疲劳极限（铍青铜）。

铜合金有黄铜、白铜及青铜等。常用铜合金的牌号和用途如下。

表 1-11　铝合金分类及牌号

	类别	牌号	用途
变形铝合金	防锈铝合金	LF5、LF11	容器、管道、铆钉
	硬铝合金	LY1、LY11	铆钉、螺栓
	超硬铝合金	LC3、LC4	航空构件、飞机大梁、起落架
	锻铝合金	LD5、LD10	重载锻件
铸造铝合金	Al-Si 铸造铝合金	ZAlSi12（ZL102） ZAlSi5Cu1Mg（ZL105）	水泵、电机壳体、气缸体
	Al-Cu 铸造铝合金	ZAlCu5Mn（ZL201） ZAlCu4（ZL203）	内燃机气缸头、活塞
	Al-Mg 铸造铝合金	ZAlMg10（ZL301） ZAlMg5Si1（ZL303）	舰船配件、氨用泵体
	Al-Zn 铸造铝合金	ZAlZn11Si7（ZL401） ZalZn6Mg（ZL402）	汽车发动机零件

1）黄铜

黄铜分为普通黄铜和特殊黄铜

普通黄铜，是指 Cu-Zn 二元合金，具有良好的力学性能、易加工成形，对大气、海水有较好的抗蚀能力。压力加工黄铜的牌号有 H70、H62 等，用于不与海水、蒸汽接触的零件。铸造普通黄铜的牌号有 HZ62 等，主要用于制作散热器。

特殊黄铜，在普通黄铜的基础上，再加上 A 类、Mn、Si、Pb 等元素的黄铜，如铅黄铜、锡黄铜、铝黄铜等。压力加工特殊黄铜的牌号有 HPb63-3、HSn90-1、Hal60-1-1，铸造特殊黄铜的牌号有 ZCuZn31-2、ZCuZn16-4、ZCuZn40Mn3Fe1 等。特殊黄铜主要用于制造钟表零件、船舶零件、涡轮等。

2）青铜

青铜为铜基合金，习惯上把含 Al、Si、Be、Mn、Pb 等元素的铜基合金都称为青铜。有压力加工青铜和铸造青铜两类。压力加工青铜常见牌号有 6.5-0.1 锡青铜（QSn6.5-0.1），用于制作弹簧、接触片等；9-4 铝青铜（ZQAl9-4），用于制耐磨和耐蚀件；2 铍青铜（Qbe2），用于制作重要弹性元件等。铸造青铜常见牌号有 ZCuSn10Pb1、ZCuAl9Mn2、ZCuPb30 等。青铜主要用于制造轴承、弹簧、耐磨抗蚀零件等。

3）白铜

以镍为主要合金元素的铜合金称为白铜。白铜有较好的强度和优良的塑性，能进行冷、热成形，耐蚀性很好，主要用于制造船舶仪器零件、化工机械零件及医疗器械等。常用牌号有 19 白铜（代号为 B19）、15-20 锌白铜（代号为 BZn15-20）、3-12 锰白铜（代号为 BMn3-12）等。B10、B30 具有较好的耐蚀性，可制作船舶上的海水管路。

3. 钛及钛合金

钛及钛合金的性能特点是密度小、比强度高、高温强度好、低温韧性优异、耐蚀性突出。

工业纯钛的牌号有 TA1、TA2、TA3 等三种，其中 TA2 应用最多。主要用于工作温度 350℃ 以下、受力不大但要求高塑性的冲压件和耐蚀结构零件。如飞机的骨架、蒙皮，船舶用耐蚀管道，化工用热交换器等。

α 型钛合金的牌号有 TA4、TA5、TA6、TA7 等。其中典型牌号是 TA7，可制造导弹燃料罐等。

β 型钛合金的牌号有 TB1、TB2，主要用于制造各种整体热处理的板材冲压件和焊接件，如压气机叶气、轮盘等。由于合金化复杂、冶炼困难等，目前该合金应用还不够多。

α+β 型钛合金是目前应用最广泛的钛合金。牌号有 TC1、TC2、…、TC10，其中 TC4 使用最为广泛，可作发动机零件和航空结构用的锻件及各种容器、泵、低温部件。

4. 滑动轴承合金

锡基轴承合金以锡为主，加入 Sb、Cu、Pb 等元素的合金。典型牌号是 ZSnSb11Cu6，其铸态组织是 $\alpha+\beta'+Cu_6Sn_5$。属软基体硬质点类型轴承合金，制作汽轮机、发动机的高速轴瓦。

铅基轴承合金是在 Pb-Sb 为基的合金中加入 Sn 和 Cu 组成的合金，也具有软基体硬质点类型的组织。典型牌号是 ZPbSb16Sn16Cu2，铸态组织是 $(\alpha+\beta)+\beta+Cu_6Sn_5$，可制作汽车、拖拉机曲轴的轴承。

铜基轴承合金有铅青铜、锡青铜等。铅青铜 ZCuPb30，组织为 Cu+Pb，属硬基体软质点类型轴承合金，用来制作航空发动机和高速柴油机轴承。

第三节 习 题

一、填空题

1. 铝合金按其成分及生产工艺特点，可分为_____和_____。
2. 变形铝合金按热处理性质可分为_____铝合金和_____铝合金两类。
3. 铝合金的时效方法可分为_____和_____两种。
4. 铜合金按其合金化系列可分为_____、_____和_____三类。
5. 黄铜主要是由铜和_____组成的合金。
6. 变形铝合金的热处理方法有_____、_____、_____。
7. 铸造铝合金按成分可分为_____系、_____系、_____系和_____系四类。
8. H62 是_____的一个牌号，其中 62 是指含_____量为_____。
9. QSn10 是_____的一个牌号，其中 10 是指_____。
10. 含锡青铜常称为锡青铜，不含锡的青铜又分_____、_____、_____等几种。
11. LY11 是_____的一个牌号，其成分为_____合金系，可制造_____。
12. LC6 是_____的一个牌号，其成分为_____合金系，可制造_____。

13. 黄铜低温退火的目的是_____。

14. 钛有两种同素异构体, 在 882.5℃ 以下为_____, 在 882.5℃ 以上为_____。

15. 钛合金根据其退火状态下组织可分_____、_____和_____三类。

二、判断题

( ) 1. L1 比 L5 的纯度差。

( ) 2. T1 比 T5 的纯度高。

( ) 3. LF5、LY12、LD5 都是形变铝合金。

( ) 4. LD2 和 LD4 铝合金具有优良的锻造性。

( ) 5. 单相黄铜比双相黄铜的塑性和强度都高。

( ) 6. 制造飞机起落架和大梁等承载零件, 可选用防锈铝。

( ) 7. 铸造铝合金的铸造性好, 但塑性较差, 不宜进行压力加工。

( ) 8. 铜和铝及其合金均可以利用固态相变来提高强度和硬度。

( ) 9. 轴承合金是制造轴承内外圈套和滚动体的材料。

( ) 10. 由于滑动轴承的轴瓦、内衬在工作中承受磨损, 故要求有特别高的硬度和耐磨性。

三、选择题

1. 下述几种变形铝合金系中属于超硬铝合金的是 ( )。
    A. Al-Mn 和 Al-Mg   B. Al-Cu-Mg
    C. Al-Cu-Mg-Zn   D. Al-Mg-Si-Cu

2. 下述几种变形铝合金系中属于锻造铝合金的是 ( )。
    A. Al-Mn 和 Al-Mg   B. Al-Cu-Mg
    C. Al-Cu-Mg-Zn   D. Al-Mg-Si-Cu

3. 把经淬火时效的铝合金, 迅速加热到 200～300℃ 或略高一些的温度, 保温 2～3min, 在清水中冷却, 使其恢复到淬火状态, 这种工艺称为 ( )。
    A. 低温回火   B. 再结晶回火
    C. 回归处理   D. 稳定化处理

4. 硬铝淬火时效后的强度、硬度和塑性与刚淬火后的相比 ( )。
    A. 强度、硬度提高, 塑性降低   B. 强度、硬度降低, 塑性提高
    C. 强度、硬度和塑性均提高   D. 强度、硬度和塑性均降低

5. 将冷变形加工后的黄铜加热到 250℃、保温 1～3h 后空冷, 这种处理称为 ( )。
    A. 防季裂退火   B. 再结晶退火
    C. 高温回火   D. 稳定化回火

6. 在青铜中, 常用淬火回火方法进行强化的铜合金是 ( )。
    A. 铍青铜   B. 铝青铜   C. 锡青铜

7. 对于 α+β 两相钛合金, 可采用下述热处理方法强化 ( )。
    A. 再结晶退火   B. 淬火回火

　　C. 淬火时效　　　　　　　　　D. 上述方法都不能强化

　　8. HMn58-2 是（　　）的牌号，它表示（　　）含量为 58%，而（　　）含量为 2%。

　　　A. 普通黄铜　　　　　　B. 特殊黄铜　　　　　　C. 无锡黄铜

　　　D. Mn　　　　　　　　　E. Cu　　　　　　　　　F. Zn

　　9. 铝合金（Al-Cu）的时效过程为（　　）。

　　　A. 富溶质原子区→θ→θ'→θ''　　　　　B. 富溶质原子区→θ''→θ'→θ

　　　C. θ→θ'→θ''→富溶质原子区　　　　D. θ''→θ'→θ→富溶质原子区

　　10. 可热处理强化的变形铝合金，淬火后在室温放置一段时间，则其力学性能会发生的变化是（　　）。

　　　A. 强度和硬度显著下降，塑性提高

　　　B. 硬度和强度明显提高，但塑性下降

　　　C. 强度、硬度和塑性都有明显提高

四、简答题

　　1. 为什么要使用铝合金？对铝合金有哪些要求？在铝合金中主含元素和辅含元素各是什么？它们各起什么作用？

　　2. 什么叫铝合金的时效处理？时效使各阶段内部结构产生了什么变化？什么是 G.P 区？它对铝合金的时效强化起什么作用？一般铝合金的时效强化是使用时效的哪个阶段？

　　3. 常用铸造铝合金有哪几类？它们的牌号有何特征？

　　4. 何谓硅铝明？它属于哪一类铝合金？为什么硅铝明具有良好的铸造性能？变质处理前后其组织及性能有何变化？这类铝合金主要用在何处？

　　5. 什么是黄铜的"季裂"和"脱锌"？如何避免？

　　6. 为什么含锌量较多的黄铜，经冷加工后不适宜于在潮湿的大气、海水及含有氨的情况下使用？用什么方法可改善其抗蚀性？

　　7. 与锡青铜和黄铜相比，铝青铜有哪些特性？为什么说铝青铜有逐渐取代锡青铜的趋势？

　　8. 对滑动轴承有哪些基本要求？理想的轴承合金组织应是怎样的？

　　9. 轻型高功率柴油机的滑动轴承为什么不用锡基轴承合金而用铅青铜？铅青铜中 Pb 和 Cu 各起什么作用？

　　10. 从铜锡相图中可以看出哪些特点？α、η 和 δ 各是什么相？为什么一般锡青铜含 Sn 量≤12%，怎样划分压力加工锡青铜和铸造锡青铜？常用的锡青铜能否热处理强化，为什么？

　　11. 常用的锡基轴承合金有哪几种？它们有哪些特性？铅基轴承合金与锡基轴承合金相比有哪些不同点？

　　12. 有色金属及其合金的强化方法与钢的强化方法有何不同？

　　13. 试述铝合金的合金化原则。为什么 Si、Cu、Mg、Mn 等元素作为铝合金的主加元素？而 Ti、B、RE 等作为辅加元素？

14. 轴承合金在性能上有何要求？在组织上有何特点？

15. 铝合金性能上有何特点？为什么在工业上能得到广泛的应用？

16. 铸造铝合金（如 Al-Si 合金）为何要进行变质处理？

17. 如果铝合金的晶粒粗大，能否用重新加热的方法细化？

18. 锡青铜属于什么合金？为什么工业用锡青铜的锡含量一般不超过 14%？

第九章 高分子材料

第一节 学习目的与要求

（1）高分子材料的一些基本概念。如高分子材料、高分子化合物、单体、链节、缩聚反应、热固性等。高分子材料的分类方法。

（2）高聚物的结构，如大分子内和大分子间的相互作用、大分子链的结构、高分子的聚集态结构等。

（3）高聚物的物理、力学状态，线型无定形高分子材料的三种物理状态：玻璃态、高弹态、黏流态。还有晶态、体型高聚物的力学状态。

（4）高分子材料基本性能和改性。与钢铁材料相比，高分子材料具有比强度高、耐蚀性好、绝缘性好、耐磨性好、消音减振性好等特点。高分子材料的缺点是强度低、刚性差、耐热性差、易老化。

第二节 内 容 提 要

高分子材料是以高分子化合物为主要组成部分的材料。合成高分子材料常用的方法有加成聚合反应和缩合聚合反应。高聚物的结构主要包括大分子链的结构和高分子的聚集态结构。高聚物的物理、力学状态、基本性能及改性方法。

本章介绍两种常用的高分子材料：常用塑料和橡胶。

常用塑料是一种以有机合成树脂为主要组成的高分子材料。塑料的组成除合成树脂外，还加入填料、固化剂和稳定剂等添加剂。塑料品种繁多，可按树脂的性质和使用范围进行分类。常用工程塑料包括热塑性塑料和热固性塑料。分别介绍了这些常用工程塑料的结构特征、性能特点及其应用领域和制品等。

船用塑料按宏观结构特点及用途可分为泡沫塑料和非泡沫塑料两大类。船用泡沫塑料主要用做舱室的绝缘材料及产生浮力和救生用的材料。目前用于舰船上的主要有聚苯乙烯、聚氯乙烯和聚氨酯泡沫塑料，其次还有 AS 泡沫塑料和酚醛泡沫塑料。

橡胶是一种具有极高弹性的高分子材料。介绍了橡胶制品的组成、常用合成橡胶的结构、性能特点和用途。船用橡胶有船用减振器、橡胶护舷、胶管等。还有具有特殊性能的船用橡胶材料。

本章的重点内容是高聚物的基本概念，如解释高分子材料、单体、缩聚反应、热固性等。关于线性非晶态高分子材料的三种物理状态。玻璃态是塑料的使用状态；橡胶的使用状态是高弹态；而流动树脂（包括胶黏剂、涂料）的使用状态是黏流态。高分子材料的分类、性能和应用。与钢铁材料比较，高分子材料具有比强度高、耐蚀性好、绝缘性好、耐磨性好、消音减振性好的特点。高分子材料的缺点是强度低、刚性差、耐热性差、易老化。还介绍了舰船用塑料及橡胶材料。

第三节　习　　题

一、填空题

1. 高分子材料大分子链的化学组成以_____为主要元素，根据组成元素的不同，可分为三类，即_____、_____和_____。

2. 大分子链的几何形状主要为_____、_____和_____。热塑性聚合物主要是_____分子链，热固性聚合物主要是_____分子链。

3. 高分子材料的聚集状态有_____、_____和_____三种。

4. 线性非晶态高聚物在不同温度下的三种物理状态是_____、_____和_____。

5. 与金属材料比较，高分子材料的主要力学性能特点是强度_____、弹性_____、弹性模量_____等。

6. 高分子材料的老化，在结构上是发生了_____和_____。

7. 高分子材料主要包括_____、_____和_____。

8. 塑料按树脂的性质分类可分为_____和_____；按使用范围可分为_____、_____和_____。

9. 通用合成橡胶有_____、_____和_____。

10. 丁腈橡胶以耐油性著称，可用于制作_____等耐油制品。

二、选择题

1. 高聚物的黏弹性指的是（　　　）。
   - A. 应变滞后于应力的特性
   - B. 应力滞后于应变的特性
   - C. 黏性流动的特性
   - D. 高温时才能发生弹性变形的特性

2. 线性非晶态高聚物温度处于 $T_g \sim T_f$ 的状态是（　　　）。
   - A. 玻璃态，表现出高弹性
   - B. 高弹态，表现出不同弹性
   - C. 黏流态，表现出非弹性
   - D. 高弹态，表现出高弹性

3. 高聚物受力变形后所产生的应力随时间而逐渐衰减的现象叫（　　　）。
   - A. 蠕变　　　B. 柔顺性　　　C. 应力松弛　　　D. 内耗

4. 热固性塑料与热塑性塑料比较，耐热性（　　　）。
   - A. 较低　　　B. 较高　　　C. 相同　　　D. 不能比较

5. 高分子材料中的结合键的主要形式是（　　　）。
   - A. 分子键与离子键
   - B. 分子键与金属键
   - C. 分子键与共价键
   - D. 离子键与共价键

6. 聚氟乙烯是一种（　　　）。
   - A. 热固性塑料，可制作化工用排污管道
   - B. 热塑性塑料，可制作导线外皮等绝缘材料
   - C. 合成橡胶，可制作轮胎
   - D. 热固性塑料，可制作雨衣、台布等

7. 下列塑料中质量最轻的是（　　　）。

    A. 聚乙烯　　　B. 聚丙烯　　　C. 聚氯乙烯　　　D. 聚苯乙烯

8. 塑料的使用状态为（　　　）。

    A. 晶态　　　　B. 玻璃态　　　C. 高弹态　　　　D. 黏流态

9. 与金属材料相比，高聚物的（　　　）要好。

    A. 刚度　　　　B. 强度　　　　C. 韧性　　　　　D. 比强度

10. 高分子材料中存在结晶区，则其熔点是（　　　）。

    A. 固定的　　　　　　　　　　B. 一个软化温度区间

    C. 在玻璃化转变温度以上　　　D. 在黏流温度以上

11. 用来合成高聚物的低分子化合物称为（　　　）。

    A. 链节　　　　B. 单体　　　　C. 链段　　　　　D. 聚合物

12. 组成高聚物大分子链的每一个基本重复结构单元称为（　　　）。

    A. 链节　　　　B. 单体　　　　C. 链段　　　　　D. 聚合物

三、判断题

（　　　）1. 聚合物由单体组成，聚合物的成分就是单体的成分。

（　　　）2. 分子链由链节构成，分子链的结构和成分就是链节的结构和成分。

（　　　）3. 高聚物的结晶度增加，与链运动有关的性能，如弹性、延伸率等则提高。

（　　　）4. 聚四氟乙烯的摩擦系数很小，在无润滑少润滑的工作条件下是极好的耐磨减摩材料。

（　　　）5. 凡是在室温下处于玻璃态的高聚物都称为塑料。

（　　　）6. 高聚物的结晶度越高，则其弹性、塑性越好。

四、综合分析题

1. 简述高聚物大分子链的结构和形态，它们对高聚物的性能有何影响？

2. 说明晶态聚合物与非晶态聚合物性能上的差别，并从材料结构上分析其原因。

3. 高聚物的强度为什么低？

4. 何谓高聚物的老化？说明老化的原因，提出改变高聚物抗老化能力的措施。

5. 画出线性非晶态高聚物的变形随温度变化的曲线。

6. 塑料的主要成分是什么？它们各起什么作用？

7. 试比较热塑性塑料和热固性塑料的性能特点和应用。

8. T_g 的准确值取决于冷却速度，为什么？

9. 说明为什么橡胶在液氮温度（77K）以下是脆性的？

10. 用热固性塑料制造零件，应采用什么样的工艺方法？

11. 请选用两种塑料制造中等载荷的齿轮，说明选材的依据。

12. 用全塑料制造的零件有何优缺点？

13. 用塑料制造轴承瓦，应选用哪个品种？选用依据是什么？

14. 在设计塑料零件时，与金属相比，举出四种受限制的因素。

15. 为什么一般塑料的耐蚀性都很好？

16. 什么是橡胶的硫化？橡胶为什么要经硫化后才能使用？

17. 高分子材料如何进行改性？举例说明。

18. 什么叫黏弹性？为什么说蠕变和应力松弛是相同的？

19. 什么叫热固性塑料？它是否有高弹性？为什么？受热后热固性塑料会不会软化？为什么？

20. 什么叫适度交联？适度交联高聚物的性能特点如何？

21. 已知温度 25℃时五种高聚物的性能如表 1-12 所示，用下面列出的名称来识别各是哪种高聚物：环氧树脂、聚四氟乙烯、聚乙烯、酚醛树脂、聚碳酸酯。

表 1-12　五种高聚物的性能

编号	拉伸强度/MPa	A/%	冲击强度/（J/m）	E/（MPa×10^3）	燃烧试验/min
1	62.1	110	19.04	2.415	<1
2	51.8	0	0.41	6.9	<1
3	17.6	70	4.08	0.828	1
4	69.6	0	1.09	6.9	1
5	17.3	200	5.44	0.414	0

第十章 陶瓷材料

第一节 学习目的与要求

（1）掌握陶瓷材料的概念、分类和生产。

（2）陶瓷的组织结构特点、相转变、陶瓷的性能特点。

（3）常用陶瓷材料：普通陶瓷、特种陶瓷的性能特点、改善性能途径和应用。

（4）陶瓷材料在舰船上的应用。

第二节 内容提要

陶瓷材料是各种无机非金属材料的统称。通常分为玻璃、玻璃陶瓷和工程陶瓷三大类。工程陶瓷又分为普通陶瓷和特种陶瓷两大类。工程陶瓷的生产过程是原料制备、坯料成型和制品烧成或烧结。特种陶瓷的化学组成已由单一的氧化物陶瓷发展到了氮化物、硅化物等多种。陶瓷材料不仅可作为结构材料，而且是性能优异的功能材料。

普通陶瓷的组分构成原料为黏土（$Al_2O_3 \cdot 2SiO_2 \cdot 2H_2O$）、石英（$SiO_2$）和长石（$K_2O \cdot Al_2O_3 \cdot 6SiO_2$）。其特点是坚硬而脆性较大，绝缘性和耐蚀性极好，制造工艺简单，成本低廉，在各种陶瓷中用量最大。其中，普通日用陶瓷作为日用器皿和瓷器，具有良好的光泽度、透明度，热稳定性和较高的机械强度。普通工业陶瓷有炻器和精陶，按用途分为建筑卫生瓷、电工瓷、化学化工瓷。

特种陶瓷熔点大多在2000℃以上，烧成温度约为1800℃；单相多晶体结构，有时有少量气相；强度随温度的升高而降低，在1000℃以下时一直保持较高强度，随温度变化不大；纯氧化物陶瓷任何高温下都不会氧化；主要种类有：氧化铝（刚玉）、氧化铍、氧化锆等。

碳化物陶瓷（碳化硅）具有很高的熔点、硬度（近于金刚石）和耐磨性（特别是在浸蚀性介质中），缺点是耐高温氧化能力差（900～1000℃），脆性较大。

目前舰船上常用的陶瓷大多是普通陶瓷，主要是陶瓷锦砖、红地砖、釉面砖、卫生陶瓷等。

第三节 习 题

一、填空题

1. 陶瓷材料分＿＿＿＿、＿＿＿＿和＿＿＿＿三类。

2. 陶瓷材料的一般生产过程包括＿＿＿＿、＿＿＿＿和＿＿＿＿。

3. 陶瓷材料的主要结合键是＿＿＿＿和＿＿＿＿。

4. 传统陶瓷的基本原料是_____、_____和_____，其组织由_____、_____和_____组成。

5. 氧化锆增韧陶瓷可替代金属制造_____、_____、_____等。

6. 陶瓷材料的性能是硬度_____、脆性_____、熔点_____。

7. 氧化铝陶瓷具有_____高温强度和_____化学稳定性，可制造_____等。

8. 可制备高温陶瓷的化合物是_____、_____、_____、_____和_____，它们的作用键主要是_____和_____。

二、选择题

1. 砂轮、磨料可用（　　　）制造。
　　A. 碳化硅或氧化锆　　　　　　　　B. 氧化锆或氧化铝
　　C. 氧化铝或碳化硅　　　　　　　　D. 氮化硅或氧化锆

2. 氧化物主要是（　　　），碳化物主要是（　　　），氮化物主要是（　　　）。
　　A. 金属键　　　　B. 共价键　　　　C. 分子键　　　　D. 离子键

3. 氧化铝陶瓷可制作（　　　）；氮化硅陶瓷可制作（　　　）；碳化硅陶瓷可制作（　　　）；氮化硼陶瓷可制作（　　　）。
　　A. 气缸　　　　　B. 火花塞　　　　C. 叶片　　　　　D. 高温模具

4. 瓷砖的气孔率为（　　　），保温材料的气孔率为（　　　），特种陶瓷的气孔率为（　　　）。
　　A. ＜5%　　　　B. 5%～10%　　　　C. ＞10%

5. 传统陶瓷包括（　　　），而特种陶瓷主要有（　　　）。
　　A. 水泥　　　　B. 氧化铝　　　　C. 碳化硅　　　　D. 氮化硼
　　E. 耐火材料　　F. 日用陶瓷　　　G. 氮化硅　　　　H. 玻璃

6. 热电偶套管用（　　　）合适，验电笔手柄用（　　　）合适，汽轮机叶片用（　　　）合适，螺旋桨用（　　　）合适。
　　A. 聚氯乙烯　　B. 2Cr13　　　　C. 高温陶瓷　　　D. 锰黄铜

三、判断题

（　　　）1. 陶瓷材料的抗拉强度较低，而抗压强度较高。
（　　　）2. 陶瓷材料可以作为绝缘材料，也可以作为半导体材料。
（　　　）3. 陶瓷可以作为高温材料，也可以作为耐磨材料。
（　　　）4. 陶瓷材料可以作为刃具材料，也可以作为保温材料。
（　　　）5. 有人说，用陶瓷的生产方法生产的制品都可称为陶瓷。
（　　　）6. 立方 β-BN 硬度接近金刚石的硬度，用于耐磨切削刀具、高温模具和磨料等。
（　　　）7. 普通陶瓷的组织由晶相、玻璃相和气相组成。

四、综合分析题

1. 陶瓷的典型组织由哪几种相组成？它们对陶瓷的性能各有什么影响？

2. 为什么陶瓷的实际强度比理论强度低得多？指出影响陶瓷强度的因素和提高强度的途径。

3. 陶瓷的主要优点有哪些？说明原因。

4. 影响陶瓷使用的主要缺点是什么？如何改进？

5. 普通日用陶瓷和工业陶瓷都有哪些？两者对性能的要求是什么？

6. 特种陶瓷的主要种类有哪些？

7. 试述高分子链的结合力、分子链结构、聚集态结构对高聚物的性能有何影响？

8. 陶瓷的成型和制作工艺是什么？

9. 简述工程结构陶瓷的种类、性能和用途。

10. 简述陶瓷材料大量广泛应用的原因是什么？通过什么途径来进一步提高其性能，扩大其使用范围？

第十一章 复合材料

第一节 学习目的与要求

（1）掌握复合材料的概念和特点，比强度、比模量比较大；抗疲劳性能好；减摩、耐磨、自润滑性能好等特点。复合材料的分类方法。

（2）常用复合材料，纤维增强复合材料、层叠复合材料及细粒复合材料的组成、特点及应用。

（3）了解复合材料在舰船上的应用。

第二节 内容提要

复合材料是由金属材料、高分子材料和陶瓷材料中任两种或几种物理、化学性质不同的物质，经一定方法得到的一种新的多相固体材料。复合材料改善或克服了组成材料的弱点，使其能按零件结构和受力情况，并按预定的、合理的配套性能进行最佳设计，可创造单一材料不具备的双重或多重功能，或在不同时间或条件下发挥不同的功能。复合材料一般由基体相和增强相组成。基体分金属和非金属两大类；增强相是具有强结合键的材料或硬质材料（陶瓷、玻璃等），可以是纤维、颗粒、晶须等。

高分子基复合材料的纤维增强相可有效阻止基体分子链的运动；金属基复合材料的纤维增强相可有效阻止位错运动而强化基体。

纤维增强复合材料的复合原则是：

（1）纤维增强相是主要承载体，应有高的强度和模量，且高于基体材料；

（2）基体相起黏结剂作用，应对纤维相有润湿性，基体相应有一定塑性和韧性；

（3）两者结合强度应适当高；

（4）基体与增强相的热膨胀系数不能相差过大；

（5）纤维相必须有合理的含量、尺寸和分布；

（6）两者间不能发生有害的化学反应。

在颗粒复合材料中基体承受载荷，颗粒阻碍分子链或位错的运动，其复合原则是：

（1）颗粒相应高度均匀弥散地分布在基体中；

（2）颗粒大小应适当；

（3）颗粒的体积分数应在 20%以上以达到最佳优化效果；

（4）颗粒与基体之间应有一定的结合强度。

复合材料比组成材料的性能更优越：高比强度和比模量；很好的抗疲劳和抗断裂性能；在高温下保持很高的强度，具有优越的耐高温性能；并有良好的减摩、耐磨性和较强的减振能力；金属基复合材料具有高韧性和抗热冲击性能；玻璃纤维增强塑料具有优良的电绝缘性，不受电磁作用，不反射无线电波；有些复合材料具有耐辐射性、高蠕变性能以及特殊的光、电、磁等性能。聚合物复合材料如玻璃钢，陶瓷复合材料如纤维增强陶瓷、碳/碳复合材料，金属基复合材料如金属陶瓷灯，这些材料在汽车工业、船舶工业、航空航天等领域具有广泛的应用。

第三节　习　　题

一、填空题

1. 复合材料由_____相和_____相构成，_____相的_____、_____、_____及_____等对复合材料的性能有重要影响。

2. 结构复合材料是用于_____的复合材料，最常用的是_____。

3. 常用纤维增强相_____、_____、_____、_____和_____。

4. 纤维增强相是复合材料中的_____，因此其_____和_____要高于基体材料。

5. 颗粒复合材料中基体相和颗粒相的作用分别是_____和_____。

6. 除了保留了组成材料的优点，复合材料的突出特点是_____和_____高。

7. 非金属基复合材料分为_____基、_____基、_____基和_____基复合材料。

8. 玻璃钢是_____和_____的复合材料，分为_____和_____两大类。

9. 碳基复合材料的增强相主要是_____，该类材料除具有碳和石墨的特点外，还有优越的_____性能，是很好的_____，耐温高达_____℃。

10. 纤维复合材料的性能特点是比强度_____，比刚度_____，抗疲劳性能_____。

11. 纤维增强复合材料中，比较好的纤维是_____、_____、_____、_____。

12. 纤维复合材料中，纤维长度应该_____，纤维直径应该_____，纤维的体积含量应该在_____范围内。

二、选择题

1. 细粒增强复合材料中，细粒相的直径为（　　）时，增强效果最好。
　　A. $<0.01\mu m$　　　B. $0.01\sim0.1\mu m$　　　C. $>0.1\mu m$　　　D. 尽量细小

2. 汽车仪表板用（　　）制造，楼房窗户通常用（　　），电视屏用（　　）制造。
　　A. 玻璃钢　　　　B. 有机玻璃　　　C. 无机玻璃

3. 设计纤维复合材料时，对于韧性较低的基体，纤维的膨胀系数可（　　），对于塑性较好的基体，纤维的膨胀系数可（　　）。
　　A. 略低　　　　B. 相差很大　　　C. 略高　　　　D. 相同

4. 玻璃纤维增强尼龙复合材料是一种（　　）。
　　A. 热塑性玻璃钢　　　　　　　　B. 热固性玻璃钢
　　C. 合成玻璃纤维　　　　　　　　D. 合成树脂纤维

三、判断题

（　　）1. 金属、聚合物和陶瓷可以相互任意地组成复合材料，它们既可以作为基体相，也可以作为增强相。

（　　）2. 纤维增强复合材料中，纤维直径越小，纤维增强的效果就越大。

（　　）3. 玻璃钢是玻璃和钢组成的复合材料。

（　　）4. 纤维与基体之间的结合强度越高越好。

四、综合分析题

1. 纤维增强和细粒复合材料的复合机制有何不同？通常情况下，纤维和细粒的增强效果哪个更好？为什么？

2. 为什么复合材料具有很好的抗疲劳性能？

3. 纤维复合材料抗断裂性能好的原因是什么？

4. 生产实际中如何改善玻璃钢的性能？

5. 碳基复合材料有哪些特殊的应用？

6. 举出四个你所见到的应用复合材料的例子。

7. 根据玻璃钢的性能特点，提出几种可能用玻璃钢制造的零部件。

8. 下列零件应选择何种非金属材料？

（1）电视机屏幕；

（2）火花塞；

（3）刀具；

（4）轻型船舶；

（5）承载能力较大的无油润滑轴承；

（6）航天飞机外壳；

（7）仪表板、手柄；

（8）高温轴承。

第十二章 材料的失效与分析

第一节 学习目的与要求

（1）要求了解各种失效形式（畸变、断裂、磨损及腐蚀）特点。
（2）能根据失效断口分析材料失效形式。

第二节 内 容 提 要

学习有关材料科学的知识和各种工程材料的基本知识之后，本章开始转到运用这些知识解决实际问题。零件由于某种原因，导致其尺寸、形状或材料的结构与性能的变化而不能圆满地完成指定的功能而造成失效。

1. 断口分类及研究断口的方法。

本章首先介绍了舰船材料发生失效的常见形式——断裂。金属材料断口的分类方法为：①按断裂形态可分为韧性断裂、脆性断裂、疲劳断裂和由介质和热的影响而断裂等类型；②按断裂的机理分为解理断裂和剪切断裂；③按裂纹扩展路径分为穿晶断裂、沿晶断裂和混合型断裂。

断口的分析手段分为断口宏观分析和断口微观分析。断口宏观分析就是用宏观的方法分析断口的形貌特征、断裂源的位置、裂纹扩展方向以及各种因素（如材料强度水平、试样或构件的几何形状、试验温度、工作环境、热加工及热处理工艺等）对断口形貌特征的影响。可对拉伸断口、冲击断口、疲劳断口和应力腐蚀断口等进行分析。微观分析是指借助透射电镜或扫描电镜观察断口。

2. 材料的失效分析

按照失效模式与失效机理对其分类，然后较为详细地介绍了各种失效形式，包括畸变失效、断裂失效、磨损失效及腐蚀失效。

1）零件失效的方式

零件丧失功能的现象称为失效。零件失效方式主要归纳为三大类，如图 1-2 所示。

2）零件失效的原因分析

引起零件失效的因素是多方面的，大致可分为设计因素、材料因素、制造（工艺）因素、装配、使用和维修因素以及人为因素等几个主要方面。

3）失效分析方法

失效分析的常规思路可以以失效抗力指标为主线进行失效分析，也可以以制造过程为主线进行失效分析。失效分析的步骤可简化为"调查"（问）、"观察"（望）、"探测"（闻）、"测试"（切）、模拟和结论等六个方面。

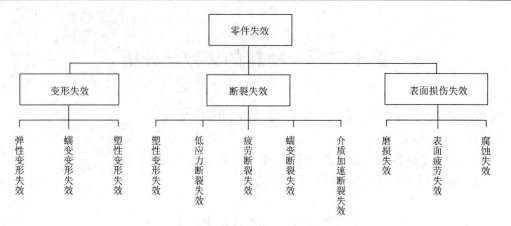

图 1-2　零件失效方式的分类

第十三章 材料选材的基本规则

第一节 学习目的与要求

（1）掌握机械零件选材的使用性能原则。
（2）掌握机械零件选材的工艺性能原则。
（3）掌握机械零件选材的经济及环境友好性原则。

第二节 内 容 提 要

选材应根据三大原则。

（1）使用性能原则。保证零件完成规定功能的必要条件。使用性能主要是指零件在使用状态下材料所具有的力学性能、物理性能和化学性能。由工作条件（指受力性质、环境状况和特殊要求等）和失效形式，确定使用性能的要求，并根据实验研究的结果将其具体化为实验室性能指标，如强度、韧性、导电导热性或耐腐蚀性等。同时根据零件的几何形状和尺寸、工作中所承受的载荷，计算出零件中的应力分布。根据工作应力，使用寿命或安全性考虑确定指标的许用数值，然后利用资料选材。

（2）工艺性能原则。它是表示材料加工的难易程度，在选材中，与使用性能比较，工艺性能处于次要地位。但在某些特殊情况下，工艺性能可能成为选材考虑的主要依据。例如，一种材料即使使用性能很好，但若加工极困难，或者加工费用太高，它也是不可取的。材料的工艺性能是由加工的工艺路线提出的，如高分子材料、陶瓷材料的工艺路线较简单，主要是成型工艺。高分子材料的热压成型、注射成型、热挤成型、真空成型，陶瓷材料的粉浆成型、压制成型、挤压成型和可塑成型等。金属材料的工艺路线比较复杂，要求的工艺性能较多，如铸造性能、锻造性能、焊接性能、切削加工性能和热处理性能等。正是由于金属材料有较好的工艺性能，所以广泛应用于工业生产和日用产品中。

（3）经济及环境友好性原则。保证零件的生产和使用的总成本最低。总成本与零件的寿命、质量、加工、研究和维护费用以及材料价格等有关。要尽量积累和利用各种资源，进行定量分析，使所选材料最经济，并导致最大的经济效益，使产品在市场上有较强的竞争力。同时所选材料应符合国家的资源状况和供应、节能、环境保护以及可持续发展等。

第十四章 典型的结构设计

第一节 学习目的与要求

（1）熟悉船体结构材料、齿轮、轴类零件、弹簧的工作条件、失效形式和性能要求。
（2）初步做到正确、合理地选用材料，并能制定相应的热处理工艺和加工工艺路线。

第二节 内 容 提 要

船舶用钢主要分为两大部分：船体用钢和配套设备用钢。船舶的配套设备繁多，如主、辅机、甲板机械、螺旋桨、泵阀、观通导航系统等。主要介绍了船体材料、轴类零件和齿轮类零件、弹簧类零件的工作条件、失效形式、性能要求及选材分析。

1）船体材料选材

船体用钢应使其强度、韧性、可焊性、冷热加工性、耐蚀性、疲劳性能和抗爆性等均能满足船体结构的要求。选材强度要适当，具有一定的韧性，要求具有低的韧脆转变温度，良好的焊接性能、火工适应性。军辅船或小型舰艇建造一般采用强度钢和高强度钢。

其他材料如铝及铝合金可用于制造快艇、舰艇上层建筑等；钛及钛合金主要用于潜艇、深潜器等，以应付同时对屈服强度、密度和耐腐蚀性能要求很高的场合。

2）轴类零件选材

轴类零件一般按强度、刚度计算和结构要求进行零件设计和选材。通过强度、刚度计算保证其承载能力，防止过量变形和断裂失效。同时也要考虑材料表面耐磨性。轴主要要求强度并兼顾冲击韧性和表面耐磨性，因此常采用中碳钢或中碳合金调质钢制造。根据工作条件的不同，可采用正火或调质、等温淬火等，其轴颈、曲拐颈和锥孔要进行表面热处理（表面淬火、氮化等）或喷丸、圆角滚压等。

3）齿轮类零件选材

齿轮主要要求疲劳强度，特别是弯曲疲劳强度和接触疲劳强度，要求有高的耐磨性，足够的冲击韧性及良好的切削加工性。对于机床齿轮，由于工作条件较好，转速中等，载荷不大，工作平稳无强烈冲击，可选中碳钢调质后进行表面淬火+低温回火。对于汽车、拖拉机齿轮，由于受力较大，受冲击频繁，且对耐磨性、疲劳强度、心部强度及冲击韧性要求较高，所以采用渗碳钢经渗碳后淬火+低温回火。

4）弹簧类零件选材

弹簧是在交变载荷作用下工作的零件，其破坏形式主要是疲劳断裂。要求弹簧具有高的弹性极限、疲劳极限、一定的塑性和韧性，特殊的弹簧还要求具有良好的耐热性和耐蚀性。可选锰弹簧钢、硅锰弹簧钢、铬钒弹簧钢等。加工工艺有冷卷弹簧和热卷弹簧，后者要经过淬火+中温回火热处理。

第三节　习　题

一、填空题

1. 零件失效的三种基本类型是_____、_____和_____。
2. 断裂失效包括_____、_____、_____、_____、_____失效。
3. 工程材料的强化方式有_____、_____、_____、_____、_____、_____等六种。
4. 失效分析的残骸分析法是以_____、_____方法分析失效机理。而失效树分析法是安全系统工程分析法，是一种_____的分析方法。
5. 材料的韧化途径有_____、_____、_____、_____、_____、_____等。
6. 用热轧 Q235 钢经调质处理制造的螺栓，在使用过程中发生断裂，其原因是_____。

二、判断题

（　　）1. 最危险的、会带来灾难性后果的失效形式是低应力脆断、疲劳断裂和介质与应力联合作用下的断裂，因为在这些断裂之前没有明显的征兆，很难预料。

（　　）2. 零件失效的原因可以从设计不合理、选材错误、加工不当和安装使用不当四个方面去找。

（　　）3. 载重汽车变速箱齿轮选用 20CrMnTi 钢制造，其工艺路线是：下料→锻造→渗碳→预冷淬火→低温回火→机加工→正火→喷丸→磨齿。

（　　）4. 武汉长江大桥用 Q235 钢制造的，虽然 16Mn 钢比 Q235 钢贵，但南京长江大桥采用 16Mn 钢制造，这是符合选材的经济性原则的。

（　　）5. 火箭发动机壳体选用某超高强度钢制造，总是发生脆断，所以应该选用强度更高的钢材。

（　　）6. 采用 45 钢制造 ϕ30mm 和 ϕ80mm 两根轴，都经调质处理后使用。轴的表面组织都是回火索氏体，因此这两根轴的许用设计应力相同。

（　　）7. 弹簧（直径 ϕ15mm）材料用 45 钢，热处理采用淬火+低温回火， 55～60HRC。

（　　）8. 某工厂发生一汽轮机叶片飞出的严重事故。该汽轮机由多段转子组成。检查发现，飞出叶片的转子槽发生了明显的变形，而未飞出叶片的转子槽没有变形。因此可以断定，失效转子的钢材用错了。

三、选择题

1. 大功率内燃机曲轴选用（　　），中吨位汽车曲轴选用（　　），C620 车床主轴选用（　　），精密镗床主轴应选用（　　）。

　　A. 45　　　　　　B. 球墨铸铁　　C. 38CrMoAl　　　　D. 合金球墨铸铁

2. 高精度磨床主轴用 38CrMoAl 制造，试在其加工工艺路线上，填入热处理工序名称。锻造→（　　）粗机加工→（　　）→精机加工→（　　）→粗磨加工（　　）→ 精磨加工。

　　A. 调质　　　　　B. 氮化　　　　　C. 消除应力　　　　D. 退火

3. 在高周疲劳载荷条件下，零件的选材强度指标为（　　），工程材料中以（　　）的疲劳强度最高，抗疲劳的构件多用（　　）材料制造。

　　A. S　　　　　　B. 金属　　　　　C. 聚合物　　　　D. 陶瓷

4. 汽车板弹簧选用（　　）。

　　A. 45　　　　　B. 60Si2Mn　　　C. 2Cr13　　　　D. 16Mn

5. 机床床身选用（　　）。

　　A. Q235　　　　B. T10A　　　　C. HT150　　　　D. T8

6. 受冲击载荷的齿轮选用（　　）。

　　A. KT250-4　　B. GCr9　　　　C. Cr12MoV　　　D. 20CrMnTi

7. 高速切削刀具选用（　　）。

　　A. TA8　　　　B. GCr15　　　　C. W6Mo5Cr4V2　D. 9SiCr

8. 桥梁构件选用（　　）。

　　A. 40　　　　　B. 4Cr13　　　　C. 16Mn　　　　D. 65Mn

9. 发动机汽阀选用（　　）。

　　A. 40Cr　　　　B. 1Cr18Ni9Ti　C. 4Cr9Si2　　　D. Cr12MoV

四、简答题

1. 为了减少零件的变形与开裂，一般应采用何种措施？

2. 试用一个失效案例来制定失效分析的实施步骤。

3. 举例说明以失效抗力指标为主线的失效分析思路，同时以失效树分析法表示出来。

4. 尺寸为 $\phi30\text{mm}\times250\text{mm}$ 的轴，用 30 钢制造，经高频表面淬火（水冷）和低温回火，要求摩擦部分表面硬度达 50～55HRC，但使用过程中摩擦部分严重磨损。试分析失效原因，并提出解决问题的方法。

5. 习题图 1-20 为 W18Cr4V 钢制螺母冲头，材料和热处理都无问题，但使用中从 A 处断裂，试分析原因，并提出改进意见。

6. 一从动齿轮，用 20CrMnTi 钢制造，使用一段时间后严重磨损、齿已磨光，如习题图 1-21 所示。从齿轮 A、B、C 三点取样进行化学、金相和硬度分析，结果如下：

A 点　碳含量 0.2%组织 F+S　　　　　硬度 86HRB

B 点　碳含量 0.8%组织 S　　　　　　硬度 20HRC

C 点　碳含量 1.0%组织 S＋碳化物　　硬度 30HRC

据查，齿轮的制造工艺是：锻造→正火→机加工→渗碳→预冷淬火→低温回火→磨加工，并且与该齿轮同批加工的其他齿轮没有这种情况。试分析该齿轮失效的原因。

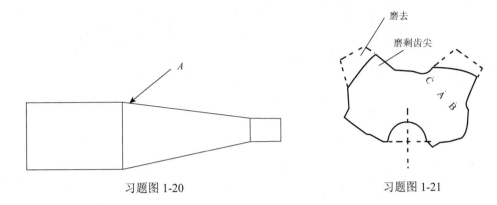

习题图 1-20　　　　　　　　　　　　　　习题图 1-21

7. JN-150 型载重汽车（载重量为 8t）变速器中的第二、三挡齿轮，要求心部抗拉强度为 $R_m \geqslant 1100MPa$，$K=70J$；齿表面硬度 HRC≥50～60，心部硬度 HRC≥33～35。试合理选择材料，制定生产工艺流程及各热处理工序的工艺规范。

8. 某柴油机曲轴技术要求如下：$R_m \geqslant 650MPa$，$K=15J$，轴体硬度 HB=240～300，轴颈硬度 HRC≥55。试合理选择材料，制定生产工艺路线和各热处理工艺的工艺规范。

9. 高精度磨床主轴，要求变形小，表面硬度高（HV＞900），心部强度好，并有一定的韧性。问应选用什么材料，采用什么工艺路线？

10. 试选择制造碎石机中的锷板与磨球的材料，并指出其合金组成中各合金元素的作用。

11. 说出下列复合材料的性能特点及应用范围：

（1）钢-钛复合板；

（2）钢-铝-铝锡（20%Sn）三层复合板；

（3）钢-硬质合金镶嵌模具；

（4）玻璃钢；

（5）钢-聚四氟乙烯复合管。

第二篇　课堂讨论

一、课堂讨论的目的

（1）课堂讨论是《船舶工程材料》教学工作中的一个重要环节，通过对教材的一些重点和难点的讨论，进一步掌握本课程的重点、基本概念和基本理论。

（2）通过对课堂讨论题的分析、讨论和解答，调动学生积极思考、主动探求知识的积极性，培养和提高学生分析问题和解决问题的能力。

（3）通过讨论，消化和巩固课堂讲授的理论知识，使其得到进一步的总结和提高。

二、课堂讨论的方法

（1）要求学生认真预习课堂讨论指导书，明确课堂讨论的目的、任务；复习有关学习内容，对所列讨论内容或讨论题做出发言提纲；教师课前要进行检查。

（2）讨论时周密组织。课堂讨论在任课教师的组织下进行，既可采用竞赛的方式，也可采用自由发言的方式。

①竞赛式。竞赛评委由教师、辅导教师、学生代表担任。竞赛前将参加讨论的同学分为若干组。教师应根据学生组数、每组人数、讨论内容等预先命题，做出标准答案。讨论题应由必答题、抢答题和水平题（拔高题）组成。讨论前学生按组抽签，确定自己组的必答题。讨论前各组基础分为 100 分。讨论时，各类题答对了均得分。其中必答题错了不扣分，抢答题、提高题答错了扣分。最后根据各组得分多少决定名次。

②自由发言式。学生按专业或班级不同分组，准备讨论题内容。在教师的组织下，由浅入深、由易到难自由发言，互相启发，互相补充。

③讨论后全面总结。教师总结发言，并认真讲解竞赛中的难题。每个学生要写总结报告，教师将每个学生在讨论中的成绩计入平时成绩单中。

课堂讨论一   铁碳合金相图

一、概述

铁和碳是钢铁材料的两个基本组元，了解铁和碳之间的相互作用，认识铁碳合金的本质，掌握铁碳合金成分、组织结构与性能之间的关系是熟悉和使用钢铁材料的重要基础。

铁碳合金相图（Fe-Fe₃C）是研究铁碳合金的基础。它反映了铁碳合金在极缓慢冷却条件下的凝固过程和室温组织，并揭示了铁碳合金随含碳量的增加，合金相和组织的变化规律。因此，可以根据相图来分析铁碳合金的平衡组织、估计其性能并合理选择合金材料。此外，铁碳合金相图也是制定热加工工艺（铸、锻、焊、热）的重要理论基础之一。

1. 铁碳合金相图中的基本相

1）铁素体（F）

碳溶解于 α-Fe 中形成的间隙固溶体，具有体心立方晶格。最大溶碳量为 0.0218%（727℃），具有良好的塑性和韧性，硬度较低。

2）渗碳体（Fe₃C）

铁与碳形成的一种化合物，具有正交晶系。碳含量为 6.69%，硬度很高（≈800HB），塑性、韧性很差。

3）奥氏体（A）

碳溶于 γ-Fe 中形成的间隙固溶体，具有面心立方晶格。最大碳含量为 2.11%（1148℃），具有良好的塑性。

4）高温铁素体（δ）

碳溶于 δ-Fe 中形成的间隙固溶体，具有体心立方晶格，存在于高温状态。

2. 两条水平线

1）ECF 线（共晶转变）

$$L_C \xrightleftharpoons[\quad]{1148℃} A_E + Fe_3C \text{ 即 } L_{4.3} \xrightleftharpoons[\quad]{1148℃} A_{2.11} + Fe_3C$$

碳含量为 2.11%～6.69%的铁碳合金结晶时均发生共晶转变。

2）PSK 线（共析转变）

$$A_S \xrightleftharpoons[\quad]{727℃} F_P + Fe_3C \text{ 即 } A_{0.77} \xrightleftharpoons[\quad]{727℃} F_{0.0218} + Fe_3C$$

碳含量为 0.218%～6.69%的铁碳合金均发生共析转变。

3. 三条重要曲线

1）*ES* 线

碳在奥氏体中的固溶线。凡是碳含量大于 0.77%的铁碳合金，1148℃冷至 727℃时均会从奥氏体析出二次渗碳体。

2）PQ 线

碳在铁素体中的固溶线。凡是含碳量大于 0.008%的铁碳合金，自 727℃冷却到室温时均会从铁素体中析出三次渗碳体。

3）GS 线

奥氏体与铁素体之间的转变曲线。

二、铁碳合金的分类

根据碳含量和组织特点的不同，铁碳合金可分为工业纯铁、钢和白口铸铁三大类。

1）工业纯铁（＜0.0218%C）

室温组织：$F+Fe_3C_{III}$。

2）钢（0.0218%～2.11%C）

（1）亚共析钢（＜0.77%C），室温组织：$F+P$。

（2）共析钢（0.77%C），室温组织：P。

（3）过共析钢（＞0.77%C），室温组织：$P+Fe_3C_{II}$。

3）白口铸铁（2.11%～6.69%C）

（1）共晶白中铸铁（4.3%C），室温组织：Le'。

（2）亚共晶白口铸铁（＜4.3%C），室温组织：$P+Fe_3C_{II}+Le'$。

（3）过共晶白口铸铁（＞4.3%C），室温组织：$Le'+Fe_3C_1$。

三、讨论目的

（1）熟悉铁碳合金相图，进一步明确相图中各重要点和线的意义、各相区存在的相以及各种相的本质。

（2）综合运用二元相图的基本知识，分析典型铁碳合金的结晶过程，弄清相与组织的概念，并能正确运用杠杆定律进行计算。

（3）熟悉铁碳合金室温下的平衡组织特征，掌握铁碳合金成分、组织、性能三者之间的关系。

（4）通过课堂讨论，使学生们具有能初步运用简单相图，分析复杂相图的基本能力。

（5）了解铁碳合金相图的应用。

四、讨论内容

（1）默画 Fe-Fe$_3$C 相图，并标出图上的点、线和相区。

（2）说明 ECF 线、PSK 线两个恒温反应及反应式，说明 ES、PQ、GS 各线的意义。

（3）画出纯铁的冷却曲线，并说明同素异构转变。

（4）分析碳含量分别为 0.2%、0.55%、0.77%、1.0%、3.0%、4.3%、5.0%的铁碳合金的结晶过程。

（5）什么是相？什么是组织？什么是组织组成物？什么是相组成物？相和组织有何

关系？区别铁碳合金中的相和组织，分别填写以相标注和组织标注的铁碳合金相图。

（6）杠杆定律应用的条件是什么？铁碳合金相图中如何应用杠杆定律计算相组成物和组织组成物的相对量？实际计算讨论（4）中所有铁碳合金的相组成物和组织组成物的相对量。

（7）画出各典型铁碳合金的室温平衡组织示意图，标明各组织组成物，并说明各组织的特点。

（8）分析铁碳合金中三种渗碳体的形态、分别存在的合金成分范围以及它们对合金性能的影响。

（9）总结铁碳合金的成分、组织、性能三者之间的关系。

（10）铁碳合金相图的应用。

五、讨论要求

（1）课前要求学生对上述内容进行全面认真准备，并写出详细的发言提纲（可将学生分成若干组，每组对若干题目做重点准备，以提高讨论课的质量）。

（2）教师在讨论课的前一天对学生的准备内容进行检查和指导。

（3）讨论过程中学生可自己提出问题，大家讨论。

（4）讨论后学生要按教师的要求写一份总结，应交讨论内容（1）～（6）作修改补充后的发言提纲（可按教师的要求交一部分）。

（5）根据实际情况确定讨论方式。

课堂讨论二　钢的热处理

一、讨论目的

（1）理解钢的热处理的基本原理。

（2）掌握运用冷却曲线和 C 曲线分析过冷奥氏体转变产物的方法。

（3）熟悉各种常用的热处理工艺及其应用。

（4）通过分析实际零件的选材和热处理工艺的制定，进一步理解和掌握成分—工艺—组织—性能的规律。

二、讨论内容

（1）以共析钢为例讨论钢的奥氏体加热转变过程，说明奥氏体转变的四个阶段。进而讨论亚共析钢和过共析钢奥氏体加热转变与共析钢的异同。可以附加讨论 F 和 Fe_3C 转变动力学对奥氏体转变速度的影响。

（2）讨论过冷奥氏体转变 C 曲线的影响因素，分析 C 曲线几种类型所具有的不同特点。以共析碳钢为例画出其 C 曲线，分析在不同温度下等温转变的产物，并能够说明其形成条件、相组成物、显微组织形态及性能特点。尝试用画出的 C 曲线预测不同冷速条件下连续冷却转变产物，与相应的 CCT 曲线进行比较，分析两者的不同特点和应用范围。

（3）讨论退火、正火、淬火和回火工艺的区别和应用，以及怎样选择合理的工艺参数。

（4）试讨论渗碳、渗氮、软氮化和表面淬火工艺的适用范围，并讨论经上述工艺处理后的中、低碳钢和低合金钢表层组织的结构和性能。

三、课堂讨论参考题

（1）珠光体是怎样形成奥氏体的，热处理时要求得到怎样的奥氏体，为什么？什么是奥氏体实际晶粒度，其对钢的室温组织和性能有何影响？

（2）钢的等温转变 C 曲线说明了哪些问题之间的关系？共析钢与亚、过共析钢的 C 曲线在特征上有何差别？为什么连续冷却曲线比等温转变曲线的位置要靠右下方一些，但 M_s 和 M_f 不变？

（3）退火和正火的工艺特点是什么？如何选择工艺参数？主要应用在哪些方面？

（4）什么是淬火？什么是回火？淬火后为什么一定要回火？淬火钢回火时其组织和性能变化的大致规律是什么？一些钢由奥氏体冷却时，可直接得到屈氏体、索氏体，为什么还要通过淬火加回火来得到回火屈氏体、回火索氏体？

四、组织方法

（1）分组和准备。讨论前可把学生分为 4～5 组，把讨论内容中要做的题目适当进行分配,进行课前或课堂准备,讨论的重点突出共析碳钢的 C 曲线。

(2)讨论。先分别进行小组讨论,然后由小组推选代表进行全班范围的发言。发言后,可对其内容进行补充或更正,要求学生各抒己见、畅所欲言。

(3)总结。教师对讨论内容作出总结,并提出让学生思考的问题。课后让学生完成有关的作业(课堂上没有讨论完成或未来得及作出的题目,可布置为作业)。

课堂讨论三　工　业　用　钢

一、讨论目的

（1）使学生掌握钢合金化的基本原理。

（2）了解工业用钢的分类及编号方法。

（3）通过对典型钢种的分析，熟悉各类钢的成分特点、热处理工艺、使用状态组织、性能特点及应用范围，为选材打下基础。

（4）分析、掌握合金钢中各主要合金元素的作用。

二、讨论内容

1. 工业用钢的分类及编号

（1）工业用钢按用途可以分为哪几类？各类钢都包括什么钢种？

（2）总结各类钢的编号方法。

（3）分析下列各钢号的种类及各合金元素的含量：20Cr2Ni4WA、9Mn2V、GCr15、Cr12、0Cr18Ni9Ti、W18Cr4V。

2. 列表分析下列钢的种类、碳含量、合金元素主要作用、热处理工艺特点、使用状态的组织、性能特点及应用举例

（1）1Cr13、W18Cr4V、3Cr2W8V、16Mn、GCr15、60Si2Mn；

（2）20CrMnTi、40CrNiMo、15MnVN、20Cr、60Si2MnWA、38CrMoAlA；

（3）50CrMnV、GCr9、1Cr17Cr12MoV、5CrMnMo、0 Cr18Ni9Ti；

（4）9SiCr、20Cr2Ni4、40MnVB、20SiMnVB、1Cr18Ni9Ti、6SiMnV。

3. 讨论 T9 碳素工具钢与 9SiCr 合金工具钢

（1）为什么 9SiCr 钢的热处理加热温度比 T9 钢高？

（2）为什么碳素工具钢制造的刀具刃部受热至 200～250℃，其硬度和耐磨性迅速下降至失效；而 9SiCr 钢刀具的刃部在 230～250℃条件下工作，硬度仍不低于 60HRC，且耐磨性能良好，可维持正常工作？

（3）为什么 9SiCr 钢适宜制造要求变形较小、硬度较高（60～65HRC）、耐磨性良好的圆板牙等薄刃刀具？9SiCr 钢制圆板牙如何进行热处理？试对其热处理工艺进行分析。

4. 以 40Cr 钢制作的丰收-75 拖拉机的连杆螺栓为例，讨论调质钢的热处理特点及其工艺路线的安排

参见图 2-1。

工艺路线如下：

下料→锻造→退火（或正火）→粗加工→调质→精加工→装配。

三、方法指导

（1）讨论前每个同学要充分复习本章内容并弄清讨论目的、方法和要求。然后写出详细的发言提纲。

（2）讨论时，每个题目先请一个同学发言，其他同学补充，最后由教师总结。

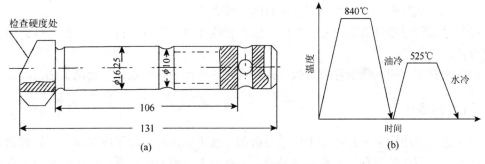

图 2-1　连杆螺栓及其热处理工艺

课堂讨论四　材料的选择和使用

一、讨论目的

本次课程讨论的目的就是培养学生具有分析实际问题和解决实际问题的能力。

（1）熟悉选材的三项基本原则及选材的一般方法。

（2）掌握常用零件的选材分析步骤，做到正确和合理的选定材料，安排合理的加工工艺路线。

（3）根据零件的工作条件和失效方式，进行正确地选材及确定热处理工艺。

二、讨论内容

选材是一项比较复杂的技术工作。要做到合理正确选材，除了应掌握必要的理论知识，还要求具有比较丰富的工程实践经验，并且善于全面考虑问题，会进行综合分析和判断。

为了做好课堂讨论，首先以减速器为例说明机器零件的选材、选材的依据及材料的加工工艺路线。

图 2-2 是减速器的装配简图，它位于电动机和工作机之间，作为减速与传递动力的装置。原动机一般转速较高，其主轴与减速器的高速轴相连，经两级齿轮减速后，由低速轴把动力传给工作机。

该减速器中属于轴类的零件有高速轴、中间轴和低速轴，它们起支承传动零件并传递动力的作用。工作时，既承受弯矩，又承受扭矩，因此要求具有较好的综合力学性能，均选用 45 钢。其工艺路线一般为：

下料→锻造→正火→机械粗加工→正火或调质→机械精加工→耐磨部分高频表面淬火、低温回火→磨削。

对于尺寸变化较小、几何形状简单的轴，若单件小批量生产，对力学性能要求一般可省去锻造→正火的工艺步骤，直接用 45 钢的轧制圆钢切削加工。

齿轮在机器中担负着传递动力和变速的重要任务，齿轮工作时，齿部承受较大的交变弯曲应力，齿面有相对滚动和滑动，承受接触压应力，在启动或停机时还受冲击作用。该减速器的工作条件较好，承受中等载荷、传动平稳，并有充分的润滑油供给，对材料及热处理无特殊要求，故选用 45 钢就足以满足性能要求。工艺路线为：

下料→锻造→正火→机械粗加工→调质→机械精加工→齿形表面淬火、低温回火→磨齿。

（1）汽车半轴是传递扭矩的典型轴件，工作应力较大，且受一定的冲击载荷，其结构和主要尺寸如图 2-3 所示。对它的性能要求是屈服强度 $R_{eH} \geqslant 600\text{MPa}$，疲劳强度 $\sigma_{-1} \geqslant 300\text{MPa}$，硬度 30～35HRC，冲击韧性 $a_k = 60 \sim 80\text{J/cm}^2$。试选择合适的材料和热处理工艺，并制订相应的加工工艺路线。

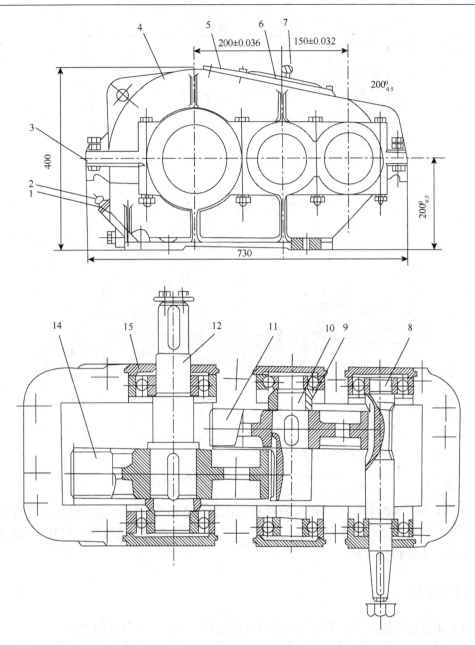

图 2-2　减速器装配简图

1-油针；2-油针帽；3-箱座；4-箱盖；5-铭牌；6-视孔盖；7-透气帽；8-高速轴
9-轴套；10-中间轴；11-中间齿轮；12-低速轴；13-轴承端盖；14-大齿轮

（2）一汽车后桥被动圆柱斜齿轮，其形状及尺寸见图 2-4，要求齿轮表面耐磨，硬度为 58~62HRC，轮齿中心的硬度为 35~40HRC，变形量要求尽可能的小，齿中心的冲击韧性 a_k 不应小于 70J/cm^2，齿轮节圆直径 125mm，模数 m=5。试选择合适的材料，制订加工工艺路线，说明每步热处理的目的、工艺规范及组织。

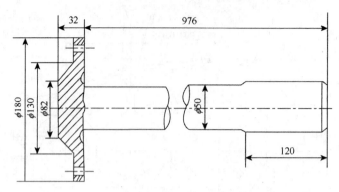

图 2-3　汽车半轴简图

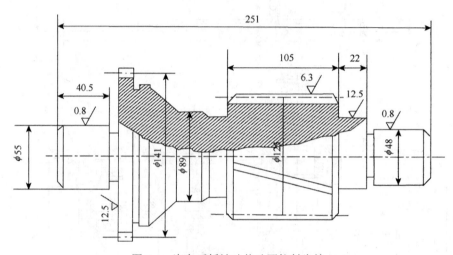

图 2-4　汽车后桥被动传动圆柱斜齿轮

（3）说出下列各种要求的齿轮的选材和加工工艺路线。①齿面硬度高、中心韧性好的齿轮；②承受载荷不大的低速大型齿轮；③承受载荷大、强度高、尺寸小的齿轮；④低噪音、小载荷的齿轮。

三、讨论步骤

（1）本次讨论前应预习关于变速器零件的选材和加工工艺路线的内容。

（2）讨论内容由学生课前做好准备，写出发言提纲。课堂上由学生讨论，进行正确的选择和说明。讨论结束后，由教师进行总结。

（3）学生将讨论和分析结果写成总结报告，作为作业交给教师。

第三篇　实验指导书

实 验 守 则

（1）实验前认真做好预习，明确本次实验的目的，了解实验内容、步骤及注意事项。

（2）实验不迟到，无故迟到两次者实验成绩记为不及格。病假、事假需有医生或班主任证明，无故旷课者，该次成绩记以零分。

（3）实验时必须听从教师的指导，严格遵守设备操作规程，注意人身安全及设备安全，不得随意动用与本次实验无关的仪器设备，不准打闹。

（4）损坏仪器、设备根据情节轻重按学校规定须进行全部或部分赔偿。

（5）实验完毕，整理好仪器、设备，清理桌面及场地。

（6）认真做好实验报告，按时上交。

实验一　金属材料的硬度和冲击实验

【实验目的】

（1）了解利用压入法测定硬度的基本原理及应用；

（2）了解布氏、洛氏硬度计的主要结构及操作方法；

（3）了解冲击韧性的测定原理、方法；

（4）了解脆性、韧性材料冲击后的断口及冲击吸收能量的区别；

（5）了解含碳量对碳钢力学性能的影响。

【实验原理及相关仪器操作】

一、硬度实验

（一）概述

硬度是衡量材料软硬程度的一种性能指标。由于在金属表面以下不同深处材料所承受的应力和所发生的变形程度不同，所以硬度值综合地反映了压痕附近局部体积内金属的弹性、微量塑变抗力、塑变强化能力以及大量形变抗力。因此，硬度值实际上是表征材料的弹性、塑性、形变强化、强度和韧性等一系列不同物理量组合的一种综合性能指标。硬度试验方法很多，机械工业普遍采用压入法来测定硬度，其硬度值反映材料表面抵抗另一物体压入时所引起的塑性变形抗力。根据载荷、压头和表示方法不同，压入法又分为布氏硬度、洛氏硬度、维氏硬度等。由于硬度试验简单易行，又无损于零件，而且可以近似的推算出材料的其他力学性能，所以在生产和科研中应用广泛。

压入法硬度试验的主要特点包括以下几点。

（1）无论是脆性材料还是塑性材料，均可采用此法测定其硬度。

（2）此种硬度值同其他力学性能指标间存在着一定的近似关系：

$$R_m = K \cdot HBW$$

式中，R_m 为材料的抗拉强度值（注：旧国家标准中用 σ_b 表示）HBW 为布氏硬度值；K 为系数。

退火状态的碳钢 $K=0.34\sim0.36$；合金调质钢 $K=0.33\sim0.35$；有色金属合金 $K=0.33\sim0.53$。

（3）硬度值对材料的耐磨性、疲劳强度等性能也有定性的参考价值，通常硬度值高，这些性能也就好。在机械零件设计图纸上对力学性能的技术要求，往往只标注硬度值，其原因就在于此。

（4）硬度测定由于仅在金属表面局部体积内产生很小压痕，并不损坏零件，所以适合成品检验。

（5）设备简单，操作迅速方便。

（二）布氏硬度（HB）

1. 基本原理

布氏硬度测定的原理是把一定直径的硬质合金压头以规定的载荷 F 压入被测材料表面，保持一定时间后卸除载荷，测出压痕直径 d，求出压痕表面积 $S_凹$，计算出平均应力值，以此为布氏硬度值的计量指标。因此，布氏硬度值是以试样压痕面积上的平均压力（$F/S_凹$）表示，即单位面积所承受的压力。

布氏硬度用符号 HBW 表示，符号 HBW 前面为硬度值，符号后面数字（数字间用/隔开）按如下顺序表示实验条件的指标：①球直径（mm）；②实验力（kgf，1kgf=9.807N）；③与规定时间不同的实验力保持时间（实验力保持规定时间为 10～15s）。如 350HBW5/750 表示用直径为 5mm 的硬质合金球压头在 750kgf 实验力下保持 10～15s 测定布氏硬度值为 350；600HBW1/30/20 表示用直径为 1mm 的硬质合金球压头在 30kgf 实验力下保持 20s 测定布氏硬度值为 350。布氏硬度的实验原理如图 3-1 所示。

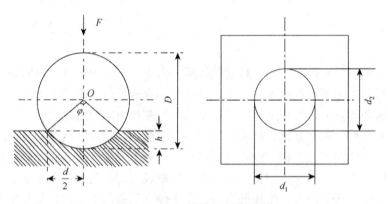

图 3-1　布氏硬度实验原理图

布氏硬度公式为

$$\text{HBW} = 0.102 \times \frac{F}{S_凹} = 0.102 \times \frac{2F}{\pi D(D - \sqrt{D^2 - d^2})} \tag{3-1}$$

式中，F 为载荷（N）（0.102=1/g，g=9.807）；D 为钢球直径（mm）；$S_凹$ 为压痕面积（mm^2）；h 为压痕深度（mm）；D 为压痕平均直径（mm），$d = \dfrac{d_1 + d_2}{2}$。

由于金属材料的软硬不同，厚薄不同，若只采用同一种载荷（如 29420N）和钢球直径（10mm）时，则硬的金属适合，而对极软的金属就不适合，会发生整个钢球陷入金属中的现象；若对于厚的工件适合，则对于薄件会出现压透的可能，所以测定不同材料的布氏硬度值，就要求有不同的载荷 F 和钢球直径 D。为了得到统一的可以相互进行比较的硬度值，必须使 D 和 F 之间维持某一比较关系，以保证得到的压痕形状的几何相似关系，其必要条件就是使压入角 φ 保持不变。

根据相似原理，由图 3-1 可知，d 和 φ 的关系是

$$\frac{D}{2}\sin\frac{\varphi}{2}=\frac{d}{2} \text{ 或 } d=D\sin\frac{\varphi}{2} \tag{3-2}$$

将式（3-2）代入式（3-1）得

$$HBW = 0.102 \times \frac{F}{D^2}\left[\frac{2}{\pi\left(1-\sqrt{1-\sin^2\frac{\varphi}{2}}\right)}\right] \tag{3-3}$$

式（3-3）说明，当 φ 值一定，为使 HBW 值相同，$\frac{F}{D^2}$ 也应保持为一定值，因此对同一材料而言，无论采用何种大小的载荷和钢球直径，只要满足 $\frac{F}{D^2}$＝常数，所得的 HBW 值都是一样的；对不同的材料来说，所得的 HBW 值是可以进行比较的。按照 GB/T 231.1—2002 规定，实验数据和适用范围可参照表 3-1 和表 3-2（实验力选择时，应使压痕直径 d 与钢球直径 D 保持 $0.24D＜d＜0.60D$；试样厚度至少应为压痕深度的 8 倍，实验后，试样背面如出现可见变形，则表明试样太薄）。

表 3-1　不同材料的实验力-压头球直径平方的比率

材料	布氏硬度 HBW	$0.102\frac{F}{D^2}$
钢、镍合金、钛合金		30
铸铁	＜140	10
	≥140	30
铜及铜合金	＜35	5
	35～200	10
	＞200	30
轻金属及合金	＜35	2.5
	35～80	10（或 5 或 15）
	＞80	10（或 15）
铅、锡		1

表 3-2　布氏硬度实验规范

材料	布氏硬度/HBW	试样厚度/mm	$0.102\frac{F}{D^2}$	钢球直径 D/mm	载荷/kgf	载荷保持时间/s
黑色金属及其合金、镍合金、钛合金	≥140	＞6	30	10	3000	10
		6～3		5	750	
		＜3		2.5	187.5	
	＜140	＞6	10	10	1000	10
		6～3		5	250	
		＜3		2.5	62.5	

续表

材料	布氏硬度/HBW	试样厚度/mm	$0.102\dfrac{F}{D^2}$	钢球直径 D/mm	载荷/kgf	载荷保持时间/s
有色金属及其合金	>200	>6 6~3 <3	30	10 5 2.5	3000 750 187.5	30
	35~200	>6 6~3 <3	10	10 5 2.5	1000 250 62.5	30
	<35（铜及铜合金）	>6 6~3 <3	5	10 5 2.5	500 125 31.25	60
	<35（轻金属及合金）	>6 6~3 <3	2.5	10 5 2.5	250 62.5 15.625	60

注：当试样尺寸允许时，应优先选用 10mm 的球压头进行实验

2. HBE-3000A 布氏硬度计操作方法与要求

（1）按表 3-1 和表 3-2 选择压头、载荷和载荷保持时间。将选定的压头推进主轴孔中，贴紧支撑面，把压头柄缺口平面对着螺钉，略微拧紧压头紧固螺钉。

（2）打开电源开关，面板显示倒计数，仪器在自动调整位置，当实验力显示窗口 A 为 0 时，仪器进入工作起始位置，见图 3-2 和图 3-3。

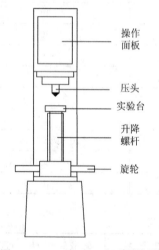

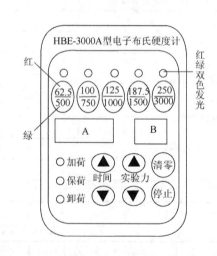

图 3-2　HBE-3000A 布氏硬度计　　　　图 3-3　HBE-3000A 布氏硬度计的操作面板图

（3）开机时仪器的预置值设定在 250kgf（2452N），保持载荷时间设定 15s。若要选择其他实验力和保持载荷时间，按面板上的实验力加减键（▲▼）和时间加减键（▲▼）。实验力共有 10 级，5 个显示窗口（62.5 / 500，100 / 750，125 / 1000，187.5 / 1500，250 / 3000）。发光管窗口亮红色时，对应"／"上档实验力；发光管窗口亮绿色时，对应"／"下档实验力。保荷时间加减键每按一次增加（或减少）5s，选择

范围 5～60s，由窗口 B 显示。

（4）准备工作就绪后，将试样平稳地放在实验台（或称载物台）上，转动旋轮上升试件，当实验力施加时，窗口 A 开始显示实验力。选用上档实验力（红色发光管亮）时，手动加力约 27kgf（265N）；当选用下档实验力（绿色发光管亮）时，手动加力约 90kgf（883N）。手动加力后，仪器发出"嘟"响声，则仪器自动加实验力；若手动用力过大时，仪器不断发出"嘟"响声，不能正常工作，请退下实验台，改换测试点位置重做。

（5）加载、保持载荷、卸载三个阶段结束后，一次硬度测试过程结束，退下实验台，仪器自动复位。取下试样用读数显微镜测出压痕直径，将测得结果查表（压痕直径与布氏硬度对照表）即可得出试样硬度值 HBW。

（6）保持载荷时间：黑色金属为 10～15s，有色金属为 30s，硬度值小于 35HBW 时为 60s。

相邻两压痕中心距离不小于压痕直径的 3 倍，压痕中心至试样边缘距离不小于压痕直径的 2.5 倍。出现故障后关机，要按"清零"键，使之消除内部残余应力（保持载荷时加载部分有轻微异响为正常现象）。

测试过程中遇到紧急情况需停止操作，按"停止"键，硬度恢复到起始状态，然后按"清零"键。平时使用时也要经常按"清零"键。

（7）读数显微镜的使用。

读数显微镜的构造如图 3-4 所示，测量显微镜的放大倍数：20×，毂轮最小读数：0.005mm（即每格 0.005mm）。

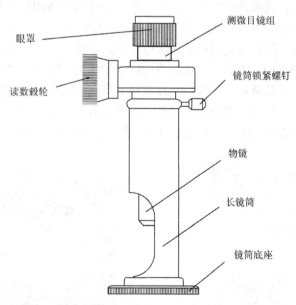

眼罩

测微目镜组

读数毂轮

镜筒锁紧螺钉

物镜

长镜筒

镜筒底座

图 3-4　读数显微镜构造图

将打好布氏硬度压痕的试件放在平稳的台面上，把读数显微镜置于试件上，长镜筒的窗口处对着自然光或用灯光照明。旋转目镜上的眼罩，使压痕边缘清晰。

选择目镜中任一条固定数字线为起始线与压痕左边相切。固定读数显微镜，转动读数毂轮，移动目镜中的刻线相切于压痕右边。

例如，图 3-5 中压痕左边与数字 2 相切，右边在 6.5～7，毂轮读数为 41 格，则压痕直径为 6.5–2+41×0.005=4.705mm。

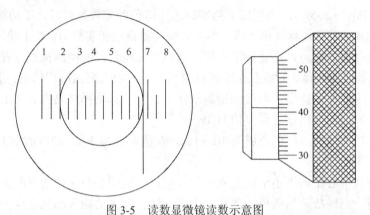

图 3-5　读数显微镜读数示意图

（三）洛氏硬度（HR）

1. 基本原理

洛氏硬度同布氏硬度一样，也属于压入法，但它不是测定压痕面积而是根据压痕深度来确定硬度值指标，其原理如图 3-6 所示。洛氏硬度实验所用压头有两种：一种是顶角为 120° 的金刚石圆锥，另一种是直径为 1/16in（1.588mm）或 1/8in（3.175mm）的淬火钢球或硬质合金球。根据金属材料软硬程度不同，可选用不同压头和载荷配合使用，最常用的是 HRA、HRB 和 HRC。这三种洛氏硬度的压头、载荷及使用范围列于表 3-3。洛氏硬度测定时需要先后施加二次载荷（预载荷 F_1 和主载荷 F_2），预加载荷的目的是使压头与试样表面接触良好以保证测量结果准确。图 3-6（b）中，加上 98.07N（10kgf）预载荷后的压头位置为 1，此时压入深度为 h_1；加上主载荷后的压头位置为 2，此时压

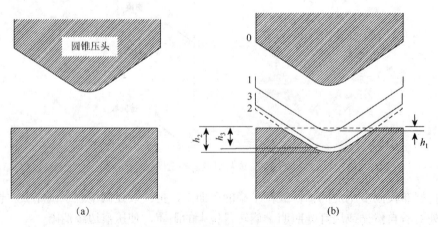

图 3-6　洛氏硬度实验原理图

入深度为 h_2，h_2 包括由加载所引起的弹性变形和塑性变形；卸除主载荷后，由于弹性变形恢复而稍提高到位置 3，此时压头的实际压入深度为 h_3。洛氏硬度就是以主载荷引起的残余压入深度（$\Delta h=h_3-h_1$）来表示的。但这样直接以压入深度的大小表示硬度，将会出现硬的金属硬度值小，而软的金属硬度值大的现象，这与布氏硬度所标志的硬度值大小的概念相矛盾。为了与习惯上数值越大硬度越高的概念相一致，采用一常数（k）减去（h_3-h_1）的差值表示硬度值。为了简便起见，又规定每 0.002mm 压入深度作为一个硬度单位（即刻度盘上一小格。）

洛氏硬度值公式为

$$HR = \frac{k-(h_3-h_1)}{0.002} \tag{3-4}$$

式中，h_1 为预载荷压入试样的深度（mm）；h_3 为卸除主载荷后压入试样的深度（mm）；k 为常数，采用金刚石圆锥时 $k=0.2$（用于 HRA 和 HRC），采用钢球时 $k=0.26$（用于 HRB）。

因此，式（3-4）可改为

$$HRC(HRA) = 100 - \frac{h_3-h_1}{0.002} \tag{3-5}$$

$$HRB = 130 - \frac{h_3-h_1}{0.002} \tag{3-6}$$

根据被测材料硬度的高低，按表 3-3 选择压头和载荷。

表 3-3 洛氏硬度的实验规范

硬度符号	压头	总载荷/kgf	表盘上刻度颜色	常用硬度值范围	使用范围
HRA	金刚石圆锥	60	黑色	70～85	碳化物、硬质合金、表面淬火等
HRB	0.0625″或 0.125″淬火钢球或硬质合金球	100	红色	25～100	有色金属、退火及正火钢等
HRC	金刚石圆锥	150	黑色	20～67	调质钢、淬火钢等

2. 洛氏硬度计的操作方法与要求

1）HR-150 型洛氏硬度计的操作方法与要求

（1）按表 3-3 选择压头及载荷。

（2）将试样置于载物台上，加预载荷。顺时针方向转动升降丝扣手轮，使试样与压头缓慢接触，直至表盘小指针从小黑点转动到小红点，大指针指向上方左右小于等于 15°。

（3）调零：旋转读数表盘。HRC、HRA 硬度测试时，使大指针与表盘上黑字 C 处对准；HRB 测试时，使大指针与表盘上红字 B 处对准。

（4）加主载荷。平稳地扳动加载手柄，手柄自动升高至停止位置（时间为 4～6s），并停留 5～10s 后卸去主载荷（卸载即将加载手柄扳回至原来位置）。由表盘上直接读出硬度值。HRC、HRA 读黑刻度数字，HRB 读红刻度数字。然后逆时针转动手轮，卸下试样。

（5）用同样的方法在试样的不同位置测三个以上洛氏硬度值，取其算术平均值为试样的硬度值，各压痕中心距和压痕中心至试样边缘的距离不得小于 3mm。

2）HR-150DT 型洛氏硬度计的操作方法与要求

（1）接通电源，打开开关；表盘内长指针基本指向上方，对着"C"位。

（2）选标尺：根据被测样品的软硬程度选择标尺（即按表 3-3 选择压头及载荷）。根据标尺，顺时针转动变荷手轮确定总实验力；根据标尺选择压头，将压头朝主轴孔中推进，贴紧支承面，将压头柄缺口平面对着螺钉，把压头止紧螺钉略拧紧。

（3）将被测试件置于载物台上，加预载荷：顺时针旋转丝杠旋轮，上升螺杆，应使试件缓慢无冲击地与压头接触，直至表内小指针从黑点转动到红点，与此同时长指针转过三圈基本指向"C"处，长指针偏移不得超过 5 个分度值，若超过此范围不得倒转丝杠旋轮，应改换测点位置重做。

（4）调零：转动表盘，使长指针对准"C"位。

（5）加主载荷、卸载：按触摸面板"启动"键，自动加主载荷，实验力保持一定时间后，自动卸载。完成后，仪器发出"嘟"声。

（6）读数：长指针指向的数据即为被测试件的硬度值。

（7）逆时针旋转丝杠旋轮，载物台下降，平移试样，更换测点，重复上述操作。

3）HRS-150 型洛氏硬度计的操作方法与要求

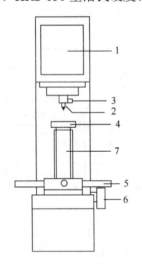

图 3-7　HRS-150 型洛氏硬度计

1-显示屏；2-压头；3-压头止紧螺钉；4-载物台；
5-旋轮手柄；6-变载荷手轮；7-升降螺杆

（1）HRS-150 型洛式硬度计如图 3-7 所示，选择测量硬度标尺（HRB、HRC 或 HRA），选择压头，选择实验力（调节变荷手轮）。

（2）打开开关，在操作面板上选择相应的硬度标尺：按"▶"键，将光标移至"修改"处，按"OK"键，显示"修改项目"表格，选中"测量标尺"再按"OK"键，主屏上显示 12 个硬度测试标尺，选中所需的标尺（如 HRC），按"OK"键，主屏幕恢复到测试状态。按上述方法选择换算标尺和保持载荷时间。

（3）将被测试件置于载物台上，顺时针旋转丝杠旋轮，上升螺杆，应使试件缓慢无冲击地与压头接触，听到蜂鸣器"嘟"声（硬度计显示570～610），停止上升螺杆，硬度计自动加主载荷、保持载荷、卸载，卸载后听到蜂鸣器"嘟"声，读取显示屏的硬度测试值。当载物台上升速度过快，显示值超过 610 时，蜂鸣器长响，提示操作错误，应下降载物台，改换测试位置再测试。

3. 注意事项

（1）在硬度测试中，加载荷、保持载荷、卸除载荷时，严禁转动变荷手轮和升降丝杠旋轮。

（2）两相邻压痕及压痕中心至边缘距离不小于 3mm。

（3）测定硬度时不要把有压痕的面朝下与载物台接触。

二、冲击实验

（一）原理

一次冲击弯曲实验是测定金属材料冲击韧性的常用方法，用标准试样的冲击吸收能量 K 来表示金属材料的冲击韧性。常用摆锤式冲击实验来测定标准试样的冲击吸收能量 K。实验时，将具有一定形状和尺寸的金属试样放在冲击实验机的支座上，再将具有一定重量的摆锤提升到一定高度，使其具有一定的势能，然后让摆锤自由下落将试样冲断。摆锤冲断试样时所消耗的能量即为冲击吸收能量 K。

$$K=mg\times(h_1-h_2)$$

冲击实验的原理如图 3-8 所示。

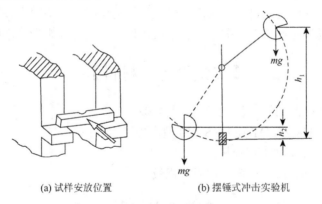

(a) 试样安放位置　　　　　　(b) 摆锤式冲击实验机

图 3-8　摆锤式冲击试验原理示意图

（二）ZBC3302-A 型冲击试验机的操作方法

1）电器控制按钮说明

取摆：将摆杆提升至预定角度，使摆锤具有初始势能；若发现摆锤顺时针转动，应立即关闭电源，改变电源相位。

放摆：将摆杆放下至铅垂位置，放摆后，摆锤角度为"0"；手指触压该按钮至摆锤处于铅垂位置后再松开。

冲击：使摆锤完成试验的冲击过程；在执行"冲击"时必须同时按住两个"冲击"按钮，否则"冲击"功能无效。

2）操作步骤

（1）打开主机的电源开关。

（2）拨动开关，打开电器控制。

（3）按"取摆"按钮取摆，在不放试样的情况下进行一次空摆冲击，之后自动取摆、挂摆，动作正常后开始实验。

（4）将指针拨动到刻度盘最大能量位置（左侧）。

（5）安装试样：将试样放于支座上，试样缺口背对于冲击刀刃方向。放置时，可以用试样对中器，也可使用钳子式对中器。

（6）冲击：同时按两个"冲击"按钮，摆锤靠自重绕轴开始进行冲击，完成连续动作：落摆冲击→自动扬摆→挂摆。

（7）从刻度盘上读取该试样冲击吸收能量 K，记录实验结果，重复步骤（4），测量下一个样品。

（8）实验结束后，按"放摆"按钮让摆锤回到铅垂位置（按住"放摆"按钮，直至摆锤回到铅垂位置再松开），关闭电器控制和主机。

3）注意事项

（1）注意安全。当摆锤在扬摆过程中尚未挂于挂摆机构上时，工作人员不得在摆锤摆动范围内活动或工作，以免突然断电后发生危险。

（2）除放摆操作外，其他操作按动一次操作按钮即可，不得重复按按钮。

（3）当冲击后不能完成"自动扬摆→挂摆"等动作时，不要随意按控制器按钮，应等待下一次的"扬摆→挂摆"，多次不能完成挂摆时，及时报告指导教师。

【实验设备和材料】

（1）HB-3000A 型布氏硬度计及读数显微镜；

（2）HR-150、HR-150DT 和 HRS-150 型洛氏硬度计；

（3）ZBC3302-A 型冲击试验机；

（4）20、45、T8、铸铁试样；铜板、铝板。

【实验内容】

（1）掌握洛氏硬度计的操作方法，测定 20、45、T8、铸铁试样的洛氏硬度 HRB；

（2）掌握布氏硬度计的操作方法，测定铜板、铝板的布氏硬度；

（3）掌握冲击实验机的操作方法，测量 20、45、T8、铸铁试样的冲击韧性。

【实验报告要求】

一、实验目的及内容

二、实验使用的仪器设备及试验材料

三、实验结果分析，说明含碳量对铁碳合金硬度和冲击韧性的影响。

实验结果记录于表 3-4 和表 3-5 中。

表 3-4　洛氏硬度和冲击韧性的测量结果

试样	HRB				KV$_2$
	1#	2#	3#	平均值	
20 钢					
45 钢					
T8 钢					
铸铁					

表 3-5　布氏硬度测量的实验结果

材质	F	D	t	HBW

注：F 为载荷；D 为钢球压头直径；t 为加载时间

四、回答下述问题

（1）不同碳含量的钢，它们的硬度和冲击韧性有何不同？

（2）不同碳含量的钢，它们的冲击断口有何不同？铸铁和低碳钢相比，它们的断口有何不同？

五、小结及建议

实验二　金属的结晶过程模拟观察实验

【实验目的】

（1）熟悉盐类和金属的结晶过程。

（2）了解纯金属的铸锭组织。

【实验原理】

金属的结晶是液态变成固态的过程，其实质是由原子无规则排列且杂乱无章运动的液态转变成原子按一定规则排列的固态（晶体）的过程。金属材料的内部组织首先就是从液态转变为固态时形成的，而金属材料从液态凝固时所形成的内部组织是金属材料的原始状态组织，它与各种性能有密切的关系，它不仅影响铸件的性能，还影响各种锻、轧件的工艺性能和使用性能，因此了解从液态结晶为固态的规律是十分必要的。

由于金属不透明，通常不能用显微镜直接观察液态金属的结晶过程。然而通过生物显微镜可以直接观察盐溶液的结晶过程。相关实践研究表明，采用透明盐类晶过程模拟金属的结晶过程是适用的。如氯化铵水溶液的结晶过程：首先在液滴边缘形成细小等轴晶体，随后形成较为粗大的柱状晶体，最后在液滴中心部分形成位向不同的等轴枝晶。利用化学中的取代反应，可以看到置换出来的金属以枝晶形式进行生长的过程。例如，在硝酸银水溶液中放入一小段细铜丝，铜将发生溶解，而银则以枝晶形态沉积出来，其反应式为

$$Cu+2AgNO_3 \rightleftharpoons 2Ag+Cu(NO_3)_2$$

如果用生物显微镜进行观察，就可看到银枝晶的生长过程。需要说明的是，氯化铵水溶液的结晶依靠水分的蒸发使溶液过饱和而结晶，银晶体是化学反应中被取代出来的金属进行沉积而得到的，其生长过程如图3-9所示，而金属的结晶则是液态金属在冷却过程中在一定过冷度下发生的。虽然它们存在上述差别，但可以从模拟实验中看到晶体生长的共同特点，即晶体通常是以枝晶形式生长的。

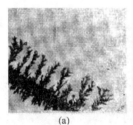  

(a)　　　　　　　　(b)　　　　　　　　(c)

图3-9　由取代反应沉淀积出来的银晶体的生长过程（60×）

虽然金属通常以枝晶形态生长，但只要液态金属始终能充满枝晶间的空隙，那么在金属铸锭内部就只能看到外形不规则的晶粒，而看不到枝晶。然而铸锭表面，特别是缩

孔处，由于缺少液态金属的补充往往可以看到枝晶组织。图 3-10 为在工业纯铝铸锭表面缩孔处看到的枝晶组织。

图 3-10　工业纯铝表面的枝晶组织（3×）

【实验用设备和材料】

（1）生物显微镜，氯化铵，硝酸银，硝酸铅，蒸馏水，细铜丝，小锌块，小烧杯，玻璃片，玻璃棒及镊子等。

（2）实体显微镜（或放大镜），表面或缩孔处有枝晶组织的金属铸锭。

【实验内容与步骤】

（1）用生物显微镜观察氯化铵饱和溶液的结晶过程。用玻璃棒引一小滴已配好的氯化铵水溶液到玻璃片上，再将玻璃片放在生物显微镜的试样台上进行观察。要注意所引液滴不可太大，否则蒸发太慢不易结晶。另外还要注意清洁，不要让外来物质落入液滴而影响结晶过程。在使用显微镜时，应注意防止液滴流到试样台或显微镜的其他部位，尤其不能让液滴碰到物镜。

（2）用玻璃棒引一滴硝酸银水溶液（稀溶液）到玻璃片上，然后将玻璃片放到生物显微镜的试样台上。对清物象后，用镊子将一小段洁净的细铜丝放在液滴中，随即观察银晶体的生长过程。根据同一原理，也可用一小块锌放在硝酸铅的稀溶液中，通过生物显微镜观察铅晶体的生长过程。

（3）用实体显微镜（或放大镜）观察金属铸锭表面收缩处的枝晶组织。

【实验报告要求】

一、实验目的及内容

二、实验使用的仪器设备及试验材料

三、画出实验中观察到的氯化铵结晶组织、银晶体的沉积组织和工业纯铝铸锭的粗视组织并作简要分析。

四、小结及建议

实验三 金相试样的制备

【实验目的】

（1）了解金相试样的制备过程。

（2）学会金相试样的制备技术。

【实验原理】

为了在金相显微镜下确切地、清楚地观察到金属内部的显微组织，金属试样必须进行精心制备。试样制备过程包括取样、镶嵌、磨制、抛光、浸蚀等工序。

（一）取样

取样部位及观察面的选择，必须根据被分析材料或零件的失效特点、加工工艺的性质以及研究的目的等因素来确定。

例如，研究铸造合金时，由于它的组织不均匀，应从铸件表面、中心等典型区域分别切取试样，全面地进行金相观察。

研究零件的失效原因时，应在失效的部位取样，并在完好的部位取样，以便进行比较性分析。

对于轧材，研究材料表层的缺陷和非金属夹杂物的分布时，应在垂直轧制方向上切取横向试样；研究夹杂物的类型、形状、材料的变形程度、晶粒被拉长的程度、带状组织等，应在平行于轧向切取纵向试样。

在研究热处理后的零件时，因为组织较均匀可自由选取断面试样。对于表面热处理后的零件，要注意观察表面情况，如氧化层、脱碳层、渗碳层等。

取样时，要注意取样方法，应保证试样被观察面的金相组织不发生变化。对于软材料可用锯、车等方法；硬材料可用水冷砂轮切片机切取或电火花线切割机切割；硬而脆的材料（如白口铸铁），可用锤击；大件可用氧气切割等。

试样尺寸不要太大，一般以高度为 10~15mm，观察面的边长或直径为 15~25mm 的方形或圆柱形较为合适。

（二）镶样

一般试样不需镶样。尺寸过于细小，如细丝、薄片、细管或形状不规则以及有特殊要求（如要求观察表层组织）的试样，制备时比较困难，则必须把它镶嵌起来。镶样方法很多，有低熔点合金的镶嵌、电木粉镶嵌、环氧树脂镶嵌、夹具夹持法等。目前一般多用电木粉镶嵌，采用专门的镶样机。用电木粉镶嵌时要加一定的温度和压力，这可使马氏体回火和软金属产生塑性变形。在这种情况下，可改用夹具夹持法。

可以用环氧树脂加固化剂来镶嵌试样，其配方如下：环氧树脂 100g，邻苯二甲酸二甲酯 8g，乙二胺 8g。但必须停留 7～8h 后方可使用。

（三）磨制

1. 粗磨

软材料（有色金属）可用锉刀锉平。一般钢铁材料通常在砂轮机上磨平，磨样时应利用砂轮侧面，以保证试样磨平。打磨过程中，试样要不断用水冷却，以防温度升高引起试样组织变化。另外，试样边缘的棱角如没有保存的必要，可最后磨圆（倒角），以免在细磨及抛光时划破砂纸或抛光布。

2. 细磨

细磨有手工磨和机械磨两种。手工磨是用手拿持试样，在金相砂纸上磨平。我国金相砂纸按粗细分为 01 号、02 号、03 号、04 号、05 号几种。细磨时，依次从 01 号磨至 05 号。必须注意，每更换一道砂纸时，应将试样的磨制方向调转 90°，即与上一道磨痕方向垂直，以便观察上一道磨痕是否被磨去。另外，在磨制软材料时，可在砂纸上涂一层润滑剂，如机油、汽油、甘油、肥皂水等，以免砂粒嵌入试样磨面。

为了加快磨制速度，减轻劳动强度，可采用在转盘上贴水砂纸的预磨机进行机械磨光。水砂纸按粗细有 200 号、300 号、400 号、500 号、600 号、700 号、800 号、900 号等。用水砂纸磨制时，要不断加水冷却，由 200 号逐次磨到 900 号砂纸，每换一道砂纸，将试样用水冲洗干净，并使方向调换 90°。

（四）抛光

细磨后的试样还需进行抛光，目的是去除细磨时遗留下的磨痕，以获得光亮而无磨痕的镜面。试样的抛光有机械抛光、电解抛光和化学抛光等方法。

1. 机械抛光

机械抛光在专用抛光机上进行。抛光机主要由一个电动机和被带动的一个或两个抛光盘组成，转速为 200～600r/min。抛光盘上放置不同材质的抛光布。粗抛时常用帆布或粗呢，精抛时常用绒布、细呢或丝绸，抛光时在抛光盘上不断滴注抛光液，抛光液一般采用 Al_2O_3、MgO 或 Cr_2O_3 等粉末（粒度为 0.3～1μm）在水中的悬浮液（每升水中加入 Al_2O_3 粉末 5～10g），或在抛光盘上涂以由极细金刚石粉制成的膏状抛光剂。抛光时应将试样磨面均匀平整地压在旋转的抛光盘上。压力不宜过大，并沿盘的边缘到中心不断作径向往复移动。抛光时间不宜过长，试样表面磨痕全部消除而呈光亮的镜面后，抛光即可停止。试样用水冲洗干净，然后进行浸蚀，或直接在显微镜下观察。

2. 电解抛光

电解抛光时把磨光的试样浸入电解液中，接通试样（阳极）与阴极之间的电源（直流电源）。阴极为不锈钢板或铅板，并与试样抛光面保持一定的距离。当电流密度足够大时，试样磨面即产生选择性的溶解，靠近阳极的电解液在试样表面上形成一层厚度不均的薄膜。由于薄膜本身具有较大电阻，并与其厚度成正比，如果试样表面高低不平，则突出部分薄膜的厚度要比凹陷部分的薄膜厚度薄些，因此突出部分电流密度较大，溶解较快，于是，试样最后形成平坦光滑的表面。

电解抛光用的电解液一般由以下三种成分组成：

（1）氧化性酸，是电解液的主要成分，如过氯酸、铬酸和正磷酸等；

（2）溶媒，用以冲淡酸液，并能溶解在抛光过程中磨面所产生的薄膜，如酒精、醋酸酐和冰醋酸等；

（3）一定量的水。

3. 化学抛光

化学抛光的实质与电解抛光类似，也是一个表层溶解过程，但它完全是靠化学溶剂对于不均匀表面所产生的选择性溶解来获得光亮抛光面的。操作简便，抛光时将试样浸在抛光液中，或用棉花蘸取抛光液，在试样磨面上来回擦洗。化学抛光兼有化学浸蚀的作用，能显示金相组织。因此试样经化学抛光后可直接在显微镜下观察。

除了观察试样中某些非金属夹杂物或铸铁中的石墨等情况，金相试样磨面经抛光后，还须进行浸蚀。

常用化学浸蚀法来显示金属的显微组织。对不同的材料，显示不同的组织，可选用不同的浸蚀剂。常用浸蚀剂见表 3-6～表 3-8。

表 3-6　钢和铸铁的常用浸蚀剂

序号	浸蚀剂名称	成分	浸蚀条件	用途
1	硝酸、酒精溶液	HNO_3：2～5ml 乙醇：加到 100ml	浸蚀数秒到 1min	浸蚀各种热处理或化学热处理后的铸铁、碳钢和低合金钢
2	苦味酸、酒精溶液	苦味酸：5g 乙醇：100ml	浸蚀数秒到 1min	浸蚀各种热处理或化学热处理后的铸铁、碳钢和低合金钢
3	碱性、苦味酸钠溶液	NaOH：25g 苦味酸：2g H_2O：100ml	加热到 100℃使用，浸蚀 5～25min，浸蚀后慢冷	显示钢中的碳化物，碳化物被染成黑色
4	硫酸铜、氯化铜、氯化镁溶液	$CuSO_4$：1.25g $CuCl_2$：2.5g $MgCl_2$：10g HCl：2g H_2O：100ml 乙醇：加到 1000ml	浸入法浸蚀	显示渗氮零件的氮化层及过渡层组织

表 3-7　合金钢的常用浸蚀剂

序号	浸蚀剂名称	成分	浸蚀条件	用途
1	混合酸甘油溶液	HNO_3：10ml HCl：20～30ml 甘油：20～30ml	用时稍加热	显示高速钢、高锰钢、镍镉合金等组织
2	氯化铁、盐酸水溶液	$FeCl_3$：5g HCl：50ml H_2O：100ml	浸蚀 1～2min	显示奥氏体镍钢及不锈钢的组织
3	硫酸铜、盐酸水溶液	$CuSO_4$：4g HCl：20ml H_2O：20ml	用时稍加热	显示不锈钢组织
4	硝酸、醋酸混合酸	HNO_3：30ml 醋酸：20ml	揩拭法浸蚀	用于显示不锈钢合金及高镍高合金组织

表 3-8　有色金属的常用浸蚀剂

序号	浸蚀剂名称	成分	浸蚀条件	用途
1	过硫酸铵水溶液	$(NH4)_2S_2O_8$：10g H_2O：90ml	冷热使用均可	铜、黄铜、青铜、铝青铜
2	氯化铁、盐酸水溶液	$FeCl_3$：5g HCl：50ml H_2O：100ml	揩拭法浸蚀	铜、黄铜、铝青铜、磷青铜
3	氢氟酸、盐酸水溶液	HF：10ml HCl：15ml H_2O：90ml	浸蚀 10～20s	铝及铝合金
4	硝酸水溶液	HNO_3：25ml H_2O：75ml	60～70℃热浸蚀	铝及铝合金
5	草酸溶液	草酸：2g H_2O：98ml	揩拭法浸蚀 2～5s	显示铸造及形变后镁合金组织
6	硝酸、醋酸溶液	HNO_3：50ml 醋酸酐：50ml	浸蚀 5～20s	纯镍、铜镍合金。镍质量分数低于 25%的镍合金，浸蚀剂需加 25%～50%（体积分数）丙酮稀释
7	硝酸、酒精溶液	HNO_3：2～5ml 乙醇：100ml	浸蚀数分钟	锡及锡合金
8	5%盐酸水溶液	HCl（1.49g/ml）：15ml H_2O：95ml	浸蚀 1～10min	锌及锌合金
9	王水	HNO_3：10ml HCl：30ml	热浸蚀 1～2min	显示金、银及其合金的组织

　　浸蚀时可将试样磨面浸入浸蚀剂中，也可用棉花沾浸蚀剂擦拭表面。浸蚀的深浅根据组织的特点和观察时的放大倍数来确定。高倍观察时，浸蚀要浅一些；低倍观察要略深一些。单相组织浸蚀重一些，双相组织浸蚀轻些。一般浸蚀到试样磨面稍发暗时即可。浸蚀后用水冲洗。必要时再用酒精清洗，最后用吸水纸（或毛巾）吸干，或用吹风机吹干。

【实验设备和材料】

（1）MC004-BXQ-2 镶嵌机；

（2）莱卡图像分析仪；

（3）钢锯；

（4）砂轮机；

（5）MC004-MP-2B 研磨抛光机；

（6）砂纸；

（7）抛光布、抛光膏；

（8）PVC 粉料；

（9）45 钢一块。

【实验内容】

（1）截取 10mm×10mm×10mm 的 45 钢（退火态）试样一块。

（2）将该金属试样在砂轮机上打磨，除去表面氧化皮及毛刺。

（3）其中一块金属试样采用 MC004-BXQ-2 镶嵌机进行热镶嵌。

（4）将镶嵌好的金属试样在抛磨机上进行粗磨和细磨，磨制时依次选用 280、400、600、800、1200 号水砂纸。

（5）将磨好的试样在抛光布上进行抛光，去除磨制时在试样表面留下的痕迹。

（6）采用 4%硝酸酒精对试样表面进行浸蚀，数秒后用自来水冲洗干净，最后用吹风机冷风吹干。

（7）利用莱卡图像分析仪拍下所制备试样的显微组织。

【实验注意事项】

（1）镶嵌金属试样时按树脂粉包装上的说明正确设定温度和保温时间。

（2）打磨试样时要将金相试样拿稳放平，以免试样飞出伤人。

（3）实验所用浸蚀剂具有一定的腐蚀性，操作时要戴乳胶手套。

【实验报告要求】

一、实验目的及内容

二、实验使用的仪器设备及实验材料

三、实验结果分析，附上所拍摄的金相试样组织，具体分析制样过程中存在的问题及其影响因素。

四、简述金相试样制备过程

五、小结及建议

实验四　碳钢平衡组织显微观察

【实验目的】

（1）观察和识别铁碳合金在平衡状态下的显微组织。

（2）分析成分（含碳量）对铁碳合金显微组织的影响，了解成分、组织和性能之间的对应关系。

（3）掌握金相显微镜的构造及使用方法。

【实验原理】

（一）铁碳合金的平衡组织

利用金相显微镜观察金属组织和缺陷的方法称为显微分析，在显微镜下看到的组织称为显微组织。所谓平衡组织是指合金在极其缓慢的冷却条件下所得到的组织。如退火状态的组织是接近平衡状态的组织。

铁碳合金的平衡组织可以根据 Fe-Fe_3C 相图来分析。从相图可知，铁碳合金在室温时的组织均由铁素体和渗碳体两相组成，但由于其含碳量不同，铁素体和渗碳体的相对数量、形态及分布等均有所不同，从而呈现各种不同的组织形态，其基本特征如下。

1. 铁素体（F）

铁素体是碳溶于 α-Fe 中的间隙固溶体，塑性良好，硬度较低（50～80HBW），用 4%硝酸酒精溶液浸蚀后，在显微镜下呈白色块状。当碳含量接近共析成分时，铁素体往往呈断续的网状，分布在珠光体的周围。

2. 渗碳体（Fe_3C）

渗碳体是铁与碳所形成的间隙式化合物，含碳量为 6.69%。渗碳体的硬度很高，达800HBW 以上，脆性很大，强度和塑性很差，抗浸蚀能力较强，经 4%硝酸酒精溶液浸蚀后呈白亮色；若用苦味酸钠溶液热浸蚀，则被染成黑褐色，而铁素体仍呈现白色，从而可区别开铁素体和渗碳体。

按照成分和形成条件的不同，渗碳体可以呈现不同的形态：

一次渗碳体（Fe_3C_I）是直接由液体中析出的，在白口铸铁中呈粗大的条片状；

二次渗碳体（Fe_3C_{II}）是从奥氏体中析出的，往往呈网络状沿奥氏体晶界分布；

三次渗碳体（Fe_3C_{III}）是由铁素体中析出的，通常呈不连续薄片状存在于铁素体晶界处，数量极微，可忽略不计。

3. 珠光体（P）

珠光体是铁素体和渗碳体所组成的机械混合物，有片状和球状两种，硬度在190～230HBW。

（1）片状珠光体：经一般退火处理得到由铁素体与渗碳体相互交替排列形成的层片状组织。用硝酸酒精溶液浸蚀后，在不同放大倍数的显微镜下观察，分别呈现黑色块状、层片状和条片状。

（2）球状珠光体：共析钢或过共析钢经球化退火后，得到球状珠光体。用硝酸酒精浸蚀后，球状珠光体为白亮色铁素体基体上均匀分布着白色渗碳体小颗粒。

4. 莱氏体（Le′）

在室温时，莱氏体是珠光体和渗碳体的机械混合物。经硝酸酒精浸蚀，其显微组织特征是白亮色的渗碳体基体上均匀分布着许多暗黑色斑点状及细条状的珠光体。莱氏体硬度高，达 700HBW 以上，脆性大。

（二）金相显微镜的基本原理

金相显微镜是用于观察金属内部组织结构的重要光学仪器。所有光学仪器都是基于光线在均匀的介质中进行直线传播，并在两种不同介质的分界面上发生折射或反射等现象。研究这些现象的理论称为几何光学。随着几何光学及物理光学的发展，金相显微镜已日臻完善。为了能正确地使用各种现代的金相显微镜，下面先介绍与普通光学显微镜有关的几何光学基本原理。

1. 几何光学基本定律

几何光学的理论基础，就是由实际观察和直接实验得到的几个基本定律：光的直线传播定律；光的独立传播定律及光的反射和折射定律。在所研究的对象中，若其几何尺寸远远大于所用光波的波长，则由几何光学可以获得与实际基本相符的结果。反之，若几何尺寸接近或小于光波波长，几何光学不再准确，许多问题必须用波动光学来解释。

（1）光的直线传播定律：在均匀介质中，光沿直线传播，即在均匀介质中，光线为一直线。

（2）光的独立传播定律：自不同方向或由不同物体发出的光线相交，对每一光线的独立传播不发生影响。

（3）光的反射和折射定律：当光线由一介质进入另一介质时，光线在两个介质的分界面上被分为反射光线和折射光线。对于这两条光线的行进方向，可分别由反射定律和折射定律来表述。

反射定律：入射光线 AB（图 3-11），分界面 B 点的法线 NB 和反射光线 BC，三者在同一平面内，并且反射光线与法线间的夹角 γ（反射角）等于入射光线与法线间的夹角 i（入射角）。

折射定律：入射光线 AB，分界面 B 点的法线 NB 和折射光线 BD，三者在同一平面内，并且入射角 i 的正弦与折射角 i'（折射光线和法线间的夹角）的正弦之比，是一个取决于两介质光学性质及光的波长的常数。这个定律可写成

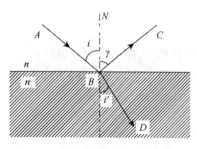

图 3-11　光的反射与折射

$$\frac{\sin i}{\sin i'} = \frac{n}{n'} \tag{3-7}$$

式中，常数 n 和 n' 分别为第一介质和第二介质的绝对折射率。它们的定义是

$$n = \frac{c}{v_1}, \quad n' = \frac{c}{v_2} \tag{3-8}$$

式中，c 为光在真空中的传播速度，v_1 和 v_2 分别为光在第一介质和第二介质中的传播速度。

2. 光的全反射

当光线射到两种媒介的界面上时，反射和折射现象是同时产生的。反射光和折射光的强弱随入射角而异。如图 3-12 所示，在实发光点 S 所处介质的折射率大于分界面另一侧介质的折射率（$n > n'$）时，折射角 i' 总大于入射角 i；当 i' 等于 90°时，相应的入射角 i_c 是给定情况下的最大入射角，入射角超过 i_c 的光线，都不能进入分界面的另一侧，而按照反射定律返回原介质。这种完全返回原介质的反射称为全反射，或全内反射。最大入射角 i_c 称为临界角，临界角 i_c 的数值取决于相邻两介质折射率的比值

$$i_c = \sin^{-1} \frac{n}{n'} \tag{3-9}$$

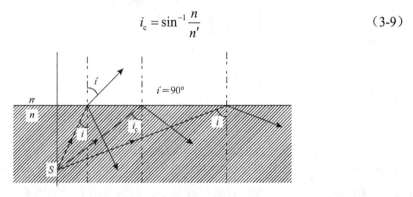

图 3-12　光的全反射

3. 光的折射、反射及全反射在光学金相显微镜中的应用

在光学仪器中，为了工作方便，常常需要改变光束的方向和行程，利用折射、反射及全反射原理设计的各类光学元件，能够圆满地完成这一任务。其在光学显微镜中的应用例举如下。

（1）金相显微镜中光源集光镜的曲面反射、光线转向的平面反射镜及球面反射镜都是利用光的反射定律而设计的光学元件。

平面反射镜可以借助抛光金属表面、镀银的玻璃镜面及平面玻璃等来完成。镀银镜面反射常用于改变光线方向，但使用日久因表面氧化或剥蚀会减弱反射能力；平面玻璃反射镜用做垂直照明器，因光线损失较多，一般别无他用。

反射定律与可见光线的波长无关，故根据反射所设计的物镜没有色像差等缺陷。

（2）借助光在棱镜中的全反射来改变光的进行方向，这在许多方面都比平面反射镜优越。首先，因为全反射时光能够完全反射回原介质，而采用镀介质膜的平面镜反射时，在反射表面上将有一定的光能被吸收；其次，在研磨工艺和装校技术上棱镜具有容易制成多种多样组合的反射面和满足高精度要求的特点，故在近代金相显微镜中除了以半透

半反的平面镜作垂直照明器，均以全反射棱镜来改变光线行程。

显微镜的基本放大原理如图 3-13 所示。其放大作用主要由焦距很短的物镜和焦距较长的目镜来完成。显微镜的目镜和物镜都是由透镜组构成的复杂光学系统，其中物镜的构造尤为复杂。为了便于说明，图中的物镜和目镜都简化为单透镜。物体 AB 位于物镜的前焦点外但很靠近焦点的位置上，经过物镜形成一个倒立的放大实像 $A'B'$，这个像位于目镜的物方焦距内但很靠近焦点的位置上，作为目镜的物体。目镜将物镜放大的实像再放大成虚像 $A''B''$，位于观察者的明视距离处，供眼睛观察，在视网膜上成最终的实像 $A'''B'''$。

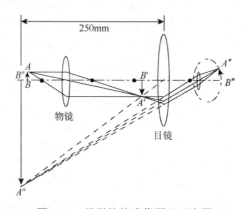

图 3-13　显微镜的成像原理示意图

以上利用几何光学原理对显微镜的成像过程进行了分析。但是实际上金相显微镜所观察的显微组织，往往几何尺寸很小，小至可与光波的波长相比较。根据光的电磁波理论，此时不能再近似地把光线看成直线传播，而要考虑衍射的影响。另一方面，显微镜中的光线总是部分相干的，因此显微镜的成像过程是个比较复杂的衍射相干过程。事实上，由于衍射等因素的影响，显微镜的分辨能力和放大能力都受到一定限制。目前金相显微镜可观察的最小尺寸一般是 0.2μm 左右，有效放大率最大为 1500～1600 倍。

4. 显微镜的放大倍率

显微镜的放大倍率 M 等于物镜的线放大率 m_1 与目镜的角放大率 m_2 的乘积，即

$$M = m_1 \cdot m_2 \tag{3-10}$$

据几何光学得到物镜的放大率为

$$m_1 = -\frac{L}{f_1} \tag{3-11}$$

式中，L 为显微镜的光学镜筒长度，即从物镜的后焦点到所成实像的距离；f_1 为物镜的焦距，负号表示所成的像是倒立的。同理，目镜的放大率为

$$m_2 = \frac{D}{f_2} \tag{3-12}$$

式中，D 为人眼睛的明视距离；f_2 为目镜的焦距。

将上式进行整理可得

$$M = -\frac{LD}{f_1 f_2} \tag{3-13}$$

由式（3-13）可知，显微镜的放大率与光学镜筒长度 L 成正比，与物镜、目镜的焦距成反比。

通常物镜、目镜的放大率都刻在镜体上，显微镜的总放大率可以由式（3-13）算出。由于物镜的放大率是在一定的光学镜筒长度下得出的，所以同一物镜在不同的光学镜筒长度下其放大率是不同的。有的显微镜由于设计镜筒较短，在计算总放大率时，需要乘以一个系数。

5. 物镜的分辨率及显微镜的有效放大倍数

显微镜的分辨率用所能清晰地分辨试样上两点间的最小距离 d 表示。分辨率决定了显微镜分辨试样上细节的程度。前面已经提到，显微镜的物镜是使物体放大成一实像，目镜的作用是使这个实像再次放大；这就是说目镜只能放大物镜已分辨的细节，物镜未能分辨的细节，绝不会通过目镜放大而变得可分辨。因此，显微镜的分辨率主要取决于物镜的分辨率。金相显微镜的分辨率最高只能达到物镜的分辨率，故物镜的分辨率又称为显微镜的分辨率。

物镜分辨率的表达式为

$$d = \frac{\lambda}{2\text{N.A.}} \tag{3-14}$$

式中，λ 为入射光的波长；N.A. 为物镜的数值孔径。

数值孔径N.A.大小表征了物镜的聚光能力，它是金相显微镜一个很重要的参数。N.A.值越大，物镜聚光能力越强，从试样上反射时进入物镜的光线越多，从而提高了物镜的分辨能力。

可见，N.A.越大或 λ 越小，物镜的分辨能力越高。

在显微镜中保证物镜分辨率充分利用时所对应的显微镜的放大倍数，称为显微镜的有效放大倍数，用 $M_{有效}$ 表示。

$$M_{有效} = (0.3 \sim 0.6)\frac{\text{N.A.}}{\lambda} \tag{3-15}$$

注：人眼在明视距离（250mm）处的分辨率为 0.15～0.30mm。

$$M = \frac{0.15 \sim 0.30}{d} = \frac{(0.15 \sim 0.30)(\text{N.A.})}{0.5\lambda} = (0.3 \sim 0.6)\frac{\text{N.A.}}{\lambda}$$

由此可知，显微镜的有效放大倍数由物镜的数值孔径和入射光波长决定。已知有效放大倍数就可正确选择物镜与目镜的配合，以充分发挥物镜的分辨能力而不致造成虚放大。

（三）XJP-3A 倒置金相显微镜的构造及使用方法

1. XJP-3A 倒置金相显微镜的构造

XJP-3A 倒置显微镜的构造如图 3-14 所示。

孔径光阑：安装在聚光透镜后面，由于它的大小可改变入射到物镜光束的孔径角，所以改变了物镜的数值孔径，故该光阑称为孔径光阑。孔径光阑的大小对于显微镜图像的质量有一定的影响，缩小孔径光阑时，光线进入物镜的孔径角减小，因而降低了物镜的数值孔径，必然使物镜的分辨率降低。张大孔径光阑可使物径的孔径角充分利用，有利于分辨组织细节。但孔径光阑张开过大，使物镜边缘也有光线透过，物镜边缘部分像差的影响增加，同时加剧了光程中的反射和炫光（杂散光），结果使映像质量反而降低。因此综合考虑分辨率和映像质量，应将孔径光阑调节到使入射光束不完全充满物镜后透镜。

视场光阑：调节此光阑可以改变视场大小，因而称为视场光阑。视场光阑调节对物镜分辨率毫无影响，当缩小视场光阑时，使得镜筒内反射的炫光（杂散光）减弱而提高映像质量，通常情况下总是将视场光阑缩小到与目镜内观察的视野大小相同的程度，以尽量提高映像的质量。视场光阑的作用是提高映像的质量，不能利用它来调整映像的亮度。如果增加亮度，应从光源强度方面来改进，这是在操作显微镜时特别要注意的。

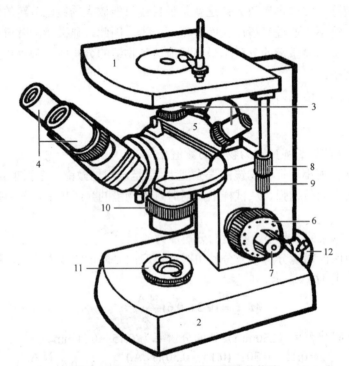

图 3-14　XJP-3A 倒置金相显微镜的构造

1-机械式载物台；2-底座；3-物镜；4-目镜；5-物镜转换器；6-粗调焦手轮；7-微调焦手轮；8-纵动手轮；
9-横动手轮；10-视场光阑；11-孔径光阑；12-灯座

2. XJP-3A 倒置金相显微镜的操作方法

（1）接通电源，打开开关。

（2）调整两目镜的中心距，使之与观察者两眼瞳孔距相适应，同时转动目镜调节圈，使其示值与瞳孔距示值一致，否则影响成像质量及齐焦性能。

（3）将一个金相试样放置在载物台上，实验面朝下，此时应选择适宜孔径的载物片，并使物镜位于载物片孔的中心。

（4）转动粗调焦手轮，在即将见到所观察试样的像时（对焦），视场会突然变亮，再调至见到所观察试样的像；然后转动微调缴手轮，直到像清晰。可以调节纵动手轮和横动手轮，移动载物台（移动试样），观察不同的视场。

（5）旋转视场光阑圈，使光阑缩小，直至视场中出现比目镜视场光阑略小的可变光阑像。

（6）利用两个调节螺钉，使视场中的可变光阑像的中心与目镜光阑中心大致重合。

（7）打开视场光阑，使其像恰好消失于目镜视场光阑之外为止。有时为了得到良好衬度的像或者消除视场边缘模糊部分，有必要把视场光阑像适当缩小。

（8）调节孔径光阑至 10mm（可按照光阑上刻度定位），在其盖玻片面上放置磨砂玻璃，其磨砂应向光阑一面。调节灯泡位置（灯座前后、上下、左右移动），使孔径光阑获得最明亮而均匀的照明后，再转动偏心圈，将灯座固定在灯座孔中。

（9）根据所观察试样的要求，调节孔径光阑的大小。一般使用情况下，可使孔径光阑在物镜出射瞳孔上的像约占射瞳孔直径的 2/3。要进行这一调节，可把目镜移出镜管，并从镜管中观察物镜后面的情况。

【实验设备和材料】

（1）XJP-3A、XJP-2 倒置金相显微镜；
（2）金相试样（工业纯铁、20 钢、45 钢、T8 钢和 T12 钢）。

【实验内容】

（1）了解金相显微镜原理、构造，基本掌握金相显微镜使用方法。
（2）观察表 3-9 所列样品的显微组织，绘出所观察样品的显微组织示意图。

表 3-9　金相样品材料、工艺及组织

序号	材料	处理工艺	显微组织	浸蚀剂
1	工业纯铁	退火	F	4%硝酸酒精
2	20 钢	退火	F+P	4%硝酸酒精
3	45 钢	退火	F+P	4%硝酸酒精
4	T8 钢	退火	P	4%硝酸酒精
5	T12 钢	退火	P+Fe_3C_{II}	4%硝酸酒精

【实验注意事项】

（1）不能用手触摸目镜、物镜镜头。

（2）不能用手触摸金相试样的观察面，要保持干净，观察不同部位组织时，可以平推载物台（调节载物台调节手轮），不要挪动试样，以免划伤表面。

（3）操作要细心，不得有粗暴和剧烈的动作，调焦距时要慢慢下降载物台，使试样接近物镜，但不要碰到物镜，以免磨损物镜。

（4）使用中出现故障和问题，立即报告指导教师处理。

【实验报告要求】

一、实验目的及内容

二、实验使用的仪器设备和实验材料

三、画出所有样品的显微组织示意图，将组织组成物名称以箭头引出标明，并注明材料、放大倍数及浸蚀剂。

四、根据所观察组织，说明碳含量对铁碳合金的组织影响的大致规律。

五、回答思考题

（1）铁碳合金的基本相有哪些？铁碳合金的组织组成物有哪些？

（2）共析渗碳体与二次渗碳体有何区别？

（3）珠光体组织在低倍观察和高倍观察时有何不同？为什么？

六、小结及建议

实验五 热膨胀法测定钢的连续冷却转变图

【实验目的】

（1）了解热膨胀法测定 CCT 图的原理与方法；
（2）掌握用动态热-力学模拟实验机测定钢的连续冷却转变图的方法；
（3）熟悉 Gleeble1500 实验机的基本操作。

【实验原理】

钢的连续冷却转变图（continuous cooling transformation diagram，CCT 图）是指过冷奥氏体在连续冷却条件下，转变开始温度和终了温度、转变开始时间和终了时间以及转变的组织、室温硬度与冷却速度之间关系的曲线图。

影响 CCT 图的主要因素包括化学成分（C、Mn、Si、Mo、Cr、Ni 和 V 等）、测定时的最高加热温度、测定时的加热速度和高温停留时间、应力应变状态以及原始组织。CCT 图的测量方法常见的有热膨胀法、热分析法、金相法和磁性法。最常用的是热膨胀法，且常配合热分析法和金相法进行测定。热膨胀法测定钢的 CCT 图的原理如下。

同一种金属的不同组织如奥氏体、铁素体、珠光体、贝氏体和马氏体等有不同的比体积。因此，当高温奥氏体在连续冷却过程中发生相变时试件的长度（对于用 Gleeble1500 动态热-力学模拟试验机测试 CCT 图时，长度是指圆柱体试样的直径）将发生变化，并符合下列关系

$$\Delta L=\Delta L_V+\Delta L_T$$

式中，ΔL 为试样加热或冷却时全膨胀量；ΔL_V 为相变体积效应引起的长度变化量；ΔL_T 为温度变化引起的长度变化量，$\Delta L_T=a\times\Delta T$（$a$ 为金属的热膨胀系数，ΔT 为温度变化量）。

当冷却过程中不发生相变时，$\Delta L_V=0$，因此，$\Delta L=\Delta L_T=a\times\Delta T$，即 ΔL 随温度变化成线性变化。冷却过程中发生相变时，$\Delta L_V\neq0$，因此，$\Delta L=\Delta L_V+\Delta L_T$，$\Delta L$ 偏离线性变化，反映在膨胀曲线上是发生转折，据此转折点可以确定相变的开始温度。当相变结束时，$\Delta L_V=0$，因此，$\Delta L=\Delta L_T=a\times\Delta T$，$\Delta L$ 随温度变化又成线性变化，从直线的开始点可以确定相变的终了温度。

用热模拟方法测定 CCT 图时，用膨胀仪记录 ΔL-t（膨胀量-时间）曲线，并记录 T-t（温度-时间）曲线（或称温度曲线），如图 3-15 所示。再将上述曲线转化成 ΔL-T 曲线，分析曲线的转折变化，即可确定相变点，如图 3-16 所示。

由于 CCT 图显示了不同的冷却速度与高温组织转变、临界冷却时间、室温组织及其硬度之间的直接关系（图 3-17），因此为材料热加工（如铸造、焊接、锻压、热处理等）的工艺制定甚至新钢种的成分设计提供了依据。具体体现在如下几个方面。

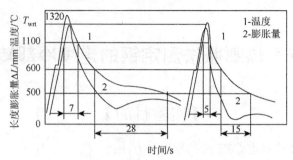

图 3-15　热模拟实验测定的温度曲线和膨胀曲线

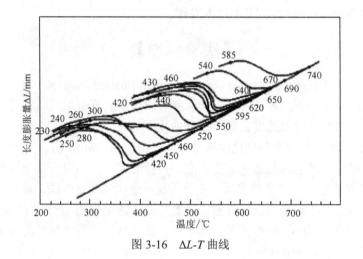

图 3-16　ΔL-T 曲线

图 3-17　碳钢（0.46%C）的过冷奥氏体连续冷却转变图

（1）从 CCT 图上可获得钢的各种临界冷却速度和时间（如获得 100%马氏体 M 的最小冷却速度和最长冷却时间，出现铁素体 F 的最大冷却速度和最短冷却时间，出现珠光体 P 的最大冷却速度和最短冷却时间，出现中间组织 Z 的最大冷却速度和最短冷却时间，以及马氏体完全消失的最大冷却速度和最短冷却时间）。根据上述数据可评定钢的抗裂纹尤其是热裂纹和冷裂纹的敏感性。

（2）根据 CCT 图可估计热加工钢件的组织和性能，分析钢件或者焊接热影响区的韧性。

（3）根据 CCT 图可合理制定正确的热加工如热处理、焊接和锻压的加工工艺规范，尤其是冷却规范。

【实验设备及材料】

Gleeble1500 动态热-力学模拟实验机，45 钢或 40Cr 钢试件。

【实验内容】

用动态热-力学模拟实验机 Gleeble1500，采用膨胀法测定 CCT 图的方法是：用 Gleeble1500 主机中的变压器对被测定试样（ϕ（3～10）mm×（80～120）mm，在实验过程中其非夹持部分即自由跨度为 40～60mm）通电流，通过试样本身的电阻热加热试样，使其按设定的加热速度加热到最高温度（对于一般热处理的 CCT 图，其最高加热温度为 A_{c3}+（50～150）℃，加热升温时间为 120～300s，保温时间为 180～300s），保温一定时间后，控制冷却速度进行冷却（如淬火、空冷，一般通电加热冷却以及充 Ar 或 N_2 气配合通电加热冷却等）。由于试样两端由通水的冷却块夹持，冷却快，所以整个试样在加热和保温过程中存在一定的温度梯度，中间段温度高，但当试样足够长（80～120mm）时，热电偶检测的中间部位有 8～18mm 长的均温区。加热、保温和冷却过程中用径向位移传感器测定均温区的径向位移（或称膨胀量），绘制温度-时间、膨胀量-时间以及膨胀量-温度曲线，如图 3-18 所示，测定每种冷却速度下试样室温硬度，根据膨胀量-温度曲线确定不同连续冷却过程中的相变点（曲线中的转折点），并根据各种冷却速度下的硬度值，绘制 CCT 图。

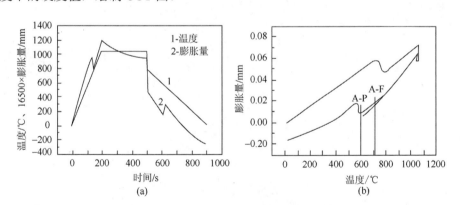

图 3-18　模拟 45 钢一般热处理的温度-时间以及膨胀量-温度实测曲线

退火态：T_{max}=1050℃；$V_{加热}$=5.25℃/s；保温时间 300s；
$V_{冷却}$=30℃/s（1050～800℃）；$V_{冷却}$=10℃/s（800℃～20℃）

【实验步骤】

（1）实验前仔细阅读并了解 Gleeble1500 动态热-力学模拟实验机的基本结构与功能；

（2）了解 Gleeble1500 动态热-力学模拟实验机的基本操作；

（3）每人领取一个试样，制定测试步骤，经实验指导教师审核后，分别测定 45 钢和 40Cr 钢在某冷却速度条件下的热膨胀量与温度之间的关系以及该冷却速度条件下试样的平均硬度；

（4）其他同一大组的同学协助并观察正在实验的同学进行实验；

（5）若干大组数据共享，对实验数据进行整理。

【实验报告要求】

一、实验目的及内容

二、实验使用的仪器设备及材料

三、实验步骤

四、综合实验数据，画出 45 钢和 40Cr 钢的一般热处理 CCT 图

五、小结及建议

实验六 碳钢的热处理

【实验目的】

（1）了解碳钢的基本热处理（退火、正火、淬火及回火）工艺方法。
（2）研究冷却条件与钢性能的关系。
（3）分析淬火及回火温度对钢性能的影响。
（4）对比正火和调质后的性能差异。

【实验原理】

（一）概述

热处理是一种很重要的热加工工艺方法，也是充分发挥金属材料性能潜力的重要手段。热处理的主要目的是改变钢的性能，其中包括使用性能及工艺性能。钢的热处理工艺特点是将钢加热到一定的温度，经一定时间的保温，然后以某种速度冷却下来，通过这样的工艺过程能使钢的性能发生改变。热处理之所以能使钢的性能发生显著变化，主要是由于钢的内部组织结构可以发生一系列变化。采用不同的热处理工艺过程，将会使钢得到不同的组织结构，从而获得所需要的性能。

钢的普通热处理工艺包括退火、正火、淬火和回火。

（二）钢的退火和正火

钢的退火通常是把钢加热到临界温度 A_{c1} 或 A_{c3} 以上，保温一段时间，然后随炉缓慢冷却。此时，奥氏体在高温区发生分解而得到比较接近平衡状态的组织。

一般中碳钢（如 40、45 钢）经退火后组织稳定，硬度较低（180～220HBW）有利于下一步进行切削加工。

正火则是将钢加热到 A_{c3} 或 A_{ccm} 以上 30～50℃，保温后进行空冷。由于冷却速度稍快，与退火组织相比，组织中的珠光体相对量较多，且片层较细密，所以性能有所改善。对低碳钢来说，正火后提高硬度可改善切削加工性，提高零件表面光洁度；对高碳钢，正火可消除网状二次渗碳体，为下一步球化退火及淬火作组织上的准备。不同含碳量的碳钢在退火及正火状态下的强度和硬度值见表 3-10。

表 3-10　碳钢在退火及正火状态下的力学性能

性能	热处理状态	碳含量/%		
		≤0.1	0.2～0.3	0.4～0.6
硬度/HBW	退火	~120	150～160	180～200
	正火	130～140	160～180	220～250
强度 R_m/(MN/m²)	退火	200～330	420～500	360～670
	正火	340～360	480～550	660～760

（三）钢的淬火

所谓淬火就是将钢加热到 A_{c3}（亚共析钢）或 A_{c1}（共析钢和过共析钢）以上 $30～50℃$，保温后放入各种不同的冷却介质中快速冷却（应大于临界冷却速度），以获得马氏体组织。碳钢经淬火后的组织由马氏体及一定数量的残余奥氏体组成。

为了正确地进行钢的淬火，必须考虑下列三个重要因素：淬火加热温度、保温时间和冷却速度。

1. 淬火温度的选择

正确选定加热温度是保证淬火质量的重要环节。淬火时的具体加热温度主要取决于钢的含碳量，可根据 Fe-Fe₃C 相图确定，如图 3-19 所示。对亚共析钢，其加热温度为 A_{c3} 以上 $30～50℃$，若加热温度不足（低于 A_{c3}），则淬火组织中将出现铁素体，造成强度及硬度的降低。对过共析钢，加热温度为 A_{c1} 以上 $30～50℃$，淬火后可得到细小的马氏体与粒状渗碳体，后者的存在可提高钢的硬度和耐磨性。过高的加热温度（如超过 A_{ccm}）不仅无助于强度、硬度的增加，反而会产生过多的残余奥氏体而导致硬度和耐磨性的下降。

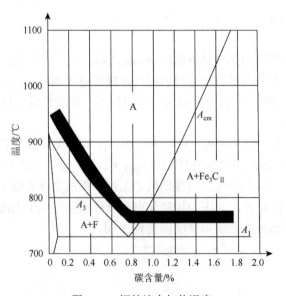

图 3-19　钢的淬火加热温度

需要指出，无论在退火、正火还是淬火时，均不能任意提高加热温度。温度过高，晶粒容易长大，而且增加氧化脱碳和变形的倾向。各种不同成分碳钢的临界温度列于表 3-11 中。

表 3-11　各种碳钢的临界温度（近似值）

类别	钢号	临界温度/℃			
		A_{c1}	A_{c3} 或 A_{ccm}	A_{r1}	A_{r3}
碳素结构钢	20	735	855	680	835
	30	732	813	677	835
	40	724	790	680	796
	45	724	780	682	760
	50	725	760	690	750
	60	727	766	695	721
碳素工具钢	T7	730	770	700	743
	T8	730	—	700	—
	T10	730	800	700	—
	T12	730	820	700	—
	T13	730	830	700	—

2. 保温时间的确定

淬火加热时间实际上是将试样加热到淬火温度所需的时间及在淬火温度停留时间的总和。加热时间与钢的成分、工件的形状尺寸、所用的加热介质、加热方法等因素有关，一般按照经验公式加以估算，碳钢在电炉中加热时间列于表 3-12。

表 3-12　碳钢在箱式电炉中加热时间的确定

加热温度/℃	工件形状及保温时间		
	圆柱形/(min/mm)（直径）	方形/(min/mm)（厚度）	板形/(min/mm)（厚度）
700	1.5	2.2	3
800	1.0	1.5	2
900	0.8	1.2	1.6
1000	0.4	0.6	0.8

3. 冷却速度的影响

冷却是淬火的关键工序，它直接影响到钢淬火后的组织和性能。冷却时应使冷却速度大于临界冷却速度，以保证获得马氏体组织。在这个前提下又应尽量缓慢冷却，以减小内应力，防止变形和开裂。为此，可根据 C 曲线，使淬火工件在过冷奥氏体最不稳定的温度范围（550～650℃）进行快冷（即与 C 曲线的"鼻尖"相切），而在较低温度（100～300℃）时的冷却速度则尽可能小些。

为了保证淬火效果，应选用适当的冷却介质（如水、油等）和冷却方法（如双液淬火、分级淬火等）。不同的冷却介质在不同的温度范围内的冷却能力有所差别。各种冷却介质的特性见表 3-13。

表 3-13　几种常用淬火介质的冷却能力

冷却介质	在下列温度范围内的冷却速度/(℃/s)	
	650~550℃	300~200℃
18℃的水	600	270
26℃的水	500	270
50℃的水	100	270
74℃的水	30	200
10%NaCl 水溶液（18℃）	1100	300
10%NaOH 水溶液（18℃）	1200	300
10%Na$_2$CO$_3$ 水溶液（18℃）	800	270
肥皂水	30	200
菜籽油	200	35
矿物器油	150	30
变压器油	120	25

（四）钢的回火

钢经淬火后得到的马氏体组织质硬而脆，并且工件内部存在很大的内应力，如果直接进行磨削加工往往会出现龟裂。一些精密的零件在使用过程中将会引起尺寸变化而失去精度，甚至开裂。因此，淬火钢必须进行回火处理。不同的回火工艺可以使钢获得所需的各种不同性能。表 3-14 为 45 钢淬火后经不同温度回火后的组织及性能。

表 3-14　45 钢经淬火及不同温度回火后的组织和性能

类型	回火温度	回火后的组织	回火后硬度	性能特点
低温回火	150~250℃	回火马氏体+残余奥氏体+碳化物	60~57HRC	高硬度，内应力减小
中温回火	350~500℃	回火屈氏体	35~45HRC	硬度适中，有高的弹性
高温回火	500~650℃	回火索氏体	20~33HRC	具有良好塑性、韧性和一定强度相配合的综合性能

对碳钢来说，回火工艺的选择主要是考虑回火温度和保温时间这两个因素。各种钢材的回火温度与硬度之间的关系曲线可从有关手册中查阅。现将几种常用的碳钢（45、T8、T10 和 T12 钢）回火温度与硬度的关系列于表 3-15。

表 3-15 各种不同温度回火后的硬度值（HRC）

回火温度/℃	45 钢	T8 钢	T10 钢	T12 钢
150～200	60～54	64～60	64～62	65～62
200～300	54～50	60～55	62～56	62～57
300～400	50～40	55～45	56～47	57～49
400～500	40～33	45～35	47～38	49～38
500～600	33～24	35～27	38～27	38～28

注：由于具体处理条件不同，上述数据仅供参考

也可以采用经验公式近似地估算回火温度。如 45 钢的回火温度经验公式为

$$T(℃) \approx 200 + K(60 - x)$$

式中，K 为系数，当回火后要求的硬度值大于 30HRC 时，$K=11$；硬度小于 30HRC 时，$K=12$。x 为所要求的硬度值（HRC）。

保温时间：回火保温时间与工件材料及尺寸、工艺条件等因素有关，通常采用 1～3h。由于实验所用试样较小，故回火保温时间可为 30min，回火后在空气中冷却。

【实验设备和材料】

（1）SX2-4-10A 箱式电阻炉；
（2）ZBC3302-A 型冲击实验机；
（3）HR150-A、HR-150DT 和 HRS-150 洛氏硬度计；
（4）45 钢冲击试样（每组 5 个）。

【实验内容】

45 钢的正火、淬火及淬火后的高、中、低温回火。测量各种热处理状态下的洛氏硬度值 HRC 及冲击韧性。

【实验步骤】

（1）按单人单组进行分组，每组领取 45 钢冲击试样（每组 5 个）。
（2）根据试样材料和尺寸制定热处理工艺，填入表 3-16 中。

表 3-16 45 钢热处理的加热温度和保温时间

热处理工艺	正火	淬火	淬火+ 低温回火	淬火+ 中温回火	淬火+ 高温回火
加热温度/℃					
保温时间/min					
冷却介质					

（3）将 45 钢试样用细铁丝捆绑，以便于淬火、正火、回火操作。

（4）将捆绑好的 45 钢试样放入炉中，分别调节炉温控制表，设定要加热的炉子温度，等炉温升至指定温度，开始计算保温时间。

（5）保温到规定时间，打开炉门，分别将其中一个 45 钢试样在空气中冷却（正火），其余试样在水中冷却（淬火）。

（6）把在水中淬火的 45 钢试样分别放入三个炉子中，分别调节炉温控制表，设定不同温度（200℃、400℃、600℃），以进行低温、中温、高温回火。

（7）将淬火、正火后不需回火的试样在砂轮上轻轻磨去氧化皮，擦干后测量硬度值。为了便于比较，全部测 HRC，测完硬度再测冲击韧性。

（8）回火保温到规定时间后，取出试样（水冷），磨去氧化皮，测量硬度，测完硬度再测冲击韧性。

【实验注意事项】

（1）往炉中放、取试样必须使用夹钳，夹钳必须擦干，不得沾有油和水。开关炉门要迅速，炉门打开时间不宜过长。

（2）试样由炉中取出淬火操作时，动作要迅速，以免在水中冷却前温度已下降至临界点以下，而影响淬火质量；操作时，以指导教师演示为主，学生体会操作为辅；水温应保持在 20～30℃，过高时应及时更换。

（3）试样在淬火液中应不断搅动，且不要移出液面，否则试样表面会由于冷却不均而出现软点。

（4）淬火或回火后的试样均要用砂纸或砂轮打磨，去掉氧化皮后再测定硬度值。用砂轮打磨时，要边打磨边蘸水，特别是淬火试样，防止回火。

【实验报告要求】

一、实验目的及内容
二、实验使用的仪器设备和实验材料
三、实验结果（填写表 3-17），分析回火温度与硬度、冲击韧性的关系。

表 3-17　45 钢热处理实验结果

热处理工艺	硬度/HRC				冲击韧性 K
	1#	2#	3#	平均值	
正火					
淬火					
淬火+低温回火					
淬火+中温回火					
淬火+高温回火					

四、回答问题

（1）亚共析钢、过共析钢淬火加热温度应该是多少？为什么？

（2）为什么一般碳钢回火后的冷却方式不限？如果钢回火后急冷，是否会比回火后慢冷更硬？为什么几何形状复杂的零件，回火后应该缓慢冷却？

五、小结及建议

实验七 碳钢非平衡组织显微观察

【实验目的】

（1）认识碳钢非平衡组织的显微特征。

（2）了解热处理工艺对碳钢组织和性能的影响。

（3）对比正火和调质的组织差异。

【实验原理】

碳钢经退火可得到平衡或接近平衡组织，而在快冷（如淬火等）条件下得到的是非平衡组织。因此，研究非平衡组织时，不仅要参考铁碳相图，而且更重要的是参考钢的过冷奥氏体转变曲线（过冷奥氏连续转变曲线或等温转变曲线）。

按照不同的冷却条件，过冷奥氏体将在不同的温度范围发生不同类型的转变。通常分为高温、中温和低温转变，即珠光体类型转变、贝氏体类型转变和马氏体类型转变。可获得索氏体、屈氏体、上贝氏体、下贝氏体、板条马氏体、片状马氏体及残余奥氏体。淬火钢经低温、中温、高温回火后分别获得回火马氏体、回火屈氏体、回火索氏体。

非平衡组织的金相特征包括如下几点。

（1）索氏体（S）：又称细珠光体，是铁素体与渗碳体片的机械混合物，其片层比珠光体更细密，在高倍显微镜下才能分辨。

（2）屈氏体（T）：又称极细珠光体，也是铁素体与渗碳体片的机械混合物，层片比索氏体还细密，呈现出黑色的墨菊状结构。

（3）贝氏体（B）：它也是铁素体与渗碳体的两相混合物，其形态与 S、T 不同，主要有下列二种形态：①上贝氏体是由成束平行排列的条状铁素体和条间断续分布的渗碳体所组织的非层状组织。当转变量不多时，在光学显微镜上为成束的铁素体条向奥氏体晶内伸展；具有羽毛状特征。②下贝氏体是在片状铁素体内部沉淀有碳化物的两相混合物组织。它比淬火马氏体更易受到浸蚀，呈黑针状态特征。

（4）马氏体（M）：是碳在 α-Fe 中的过饱和固溶体。马氏体的形态按碳含量主要分为板条状和片状（亦称针状、竹叶状）。板条马氏体一般为低碳钢或低碳合金钢的淬火组织，其韧性较好。片状或针状马氏体是中高碳钢淬火后的组织。片状马氏体的硬度较高，韧性较差。

（5）残余奥氏体（A_r）：是含碳量大于 0.5%的奥氏体淬火时保留到室温不转变的那部分奥氏体。在显微镜下呈白亮色、分布在马氏体之间，无固定形态。

（6）回火马氏体（$M_回$）：马氏体经低温回火（150～250℃）所得到的组织为回火马氏体，它仍具有原马氏体形态的特征。对于中高碳钢而言，在片状马氏体上析出了极弥

散细小的 ε-碳化物（$Fe_{2.4}C$），因此，更易受浸蚀，呈现黑针状。高碳回火马氏体具有高的硬度，而韧性和塑性较淬火马氏体有明显改善。

（7）回火屈氏体（$T_回$）：马氏体经中温回火（350～500℃）所得到的组织为回火屈氏体，它是铁素体与极细的粒状渗碳体组成的混合物。以 65 钢为例，回火屈氏体有较高的强度、最佳的弹性和一定的韧性。

（8）回火索氏体（$S_回$）：马氏体经高温回火（500～650℃）所得到的组织为回火索氏体，其金相特征是等轴的铁素体上分布着细颗粒状渗碳体。中碳钢回火索氏体具有强度、韧性和塑性均较好的优良综合力学性能。

【实验设备和材料】

XJP-3A、XJP-2 型倒置金相显微镜和金相试样一组（表 3-18）。

【实验内容】

观察表 3-18 所列试样的显微组织，描绘所观察试样的显微组织，并在组织图上注明材料、处理工艺（如正火、淬火、回火等）、放大倍数、浸蚀剂、组织名称等。

表 3-18　金相样品材料、工艺及组织

序号	材料	热处理工艺	浸蚀剂	显微组织
1	20 钢	淬火	4%硝酸酒精	板条 M
2	45 钢	淬火	4%硝酸酒精	混合 M
3	45 钢	正火	4%硝酸酒精	F+S
4	T8 钢	淬火	4%硝酸酒精	片状 M
5	T8 钢	正火	4%硝酸酒精	S
6	T12 钢	淬火	4%硝酸酒精	针状 M
7	T12 钢	正火	4%硝酸酒精	$S+Fe_3C_{II}$
8	T8 钢	淬火+低温回火	4%硝酸酒精	$M_回$
9	T8 钢	淬火+高温回火	4%硝酸酒精	$S_回$
10	45 钢	淬火+高温回火	4%硝酸酒精	$S_回$
11	65Mn 钢	等温淬火	4%硝酸酒精	下贝氏体

【实验报告要求】

一、实验目的及内容

二、实验使用的仪器设备

三、描绘 20 钢淬火、45 钢淬火、45 钢正火、45 钢调质、T8 钢淬火、T8 钢淬火+低温回火的显微组织，并在显微组织图上将组织组成物名称以箭头引出标明。

四、比较板条马氏体（20 钢）和针状马氏体（T8 钢）的组织差异。

五、思考题：比较 45 钢正火组织与调质组织的差异，结合热处理实验和非平衡组织显微观察实验，分析 45 钢正火与调质后组织、性能差异的原因。

六、小结及建议

实验八　常用工程材料的显微组织观察

【实验目的】

（1）观察几种常用合金钢、有色金属、铸铁和金属陶瓷（硬质合金）及纤维增强树脂的显微组织。

（2）分析这些材料的组织和性能的关系及其应用。

【实验原理】

几种常用合金钢的显微组织

合金钢依合金元素含量的不同，可分为三种：合金元素的质量分数小于 5%的称为低合金钢；合金元素质量分数为 5%～10%的称为中合金钢；合金元素质量分数大于 10%的称为高合金钢。一般合金结构钢、合金工具钢都是低合金钢，由于加入合金元素较少，铁碳相图虽发生一些变动，但其平衡状态的显微组织与碳钢的显微组织并没有太大区别。低合金钢热处理后的显微组织与碳钢的显微组织也没有根本的不同，差别只是在于合金元素使 C 曲线右移（除 Co 外），即以较低的冷却速度可获得马氏体组织。例如，40Cr 钢经调质处理后的显微组织和 40 钢调质的显微组织完全相同，都是回火索氏体（图 3-20）；GCr15 钢（轴承钢）840℃油淬低温回火试样的显微组织与 T12 钢 780℃水淬低温回火试样的显微组织也是一样的，都得到回火马氏体+碳化物+残余奥氏体组织（图 3-21），但 GCr15 钢的碳化物颗粒较细小。

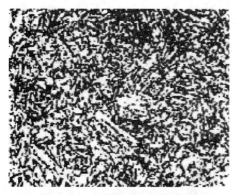

图 3-20　40Cr 钢调质处理后显微组织

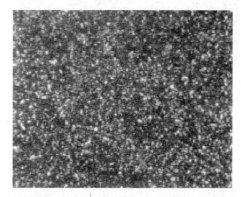

图 3-21　GCr15 钢淬火回火后显微组织

1. 高速钢

它是一种常用的高合金工具钢，例如 W18Cr4V。因为它含有大量合金元素，使铁碳相图中的 E 点向左移较多，以致虽然它的碳质量分数只有 0.7%～0.8%，但也已经含有莱氏体组织，所以称为莱氏体钢。

高速钢平衡结晶的室温组织与亚共晶白口铸铁的组织相似，由珠光体、碳化物和莱氏体组成。但在实际铸造条件下冷速较快，奥氏体会转变为屈氏体或马氏体，高速钢铸态组织中莱氏体由合金碳化物和屈氏体或马氏体组成。莱氏体沿晶界呈宽网状分布，莱氏体中的碳化物粗大，呈骨架状，不能靠热处理消除，必须进行锻造打碎。锻造退火后高速钢的显微组织由索氏体和碳化物组成。

高速钢优良的热硬性及高的耐磨性，只有经淬火及回火后才能获得。它的淬火温度较高，为 1270～1280℃，以使奥氏体充分合金化，保证最终有高的热硬性。淬火时可在油中或空气中冷却。淬火组织为马氏体+碳化物+残余奥氏体。由于淬火组织中存在有大量（25%～30%）的残余奥氏体，一般都进行 560℃三次回火。经淬火和三次回火后，高速钢的组织为回火马氏体+碳化物+少量残余奥氏体（2%～3%），见图 3-22。

2. 不锈钢

不锈钢是在大气、海水及其他浸蚀性介质条件下能稳定工作的钢种，它们大都属于高合金钢，如应用很广的 1Cr18Ni9 即 18-8 钢。它的碳含量较低，因为碳不利于防锈；高的铬含量是保证耐蚀性的主要因素；镍除了进一步提高耐蚀能力以外，主要是为了获得奥氏体组织。这种钢在室温下的平衡组织是奥氏体+铁素体+$(Cr，Fe)_{23}C_6$。为了提高耐蚀性，可以进行固溶处理，加热到 1050～1150℃，使碳化物等全部溶解，然后水冷，即可在室温下获得单一的奥氏体组织（图 3-23）。

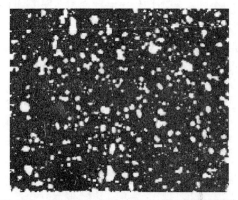

图 3-22　W18Cr4V 钢淬火和三次回火后的显微　　　图 3-23　1Cr18Ni9 钢固溶处理后的显微组织
组织

3. 铸铁的显微组织

依照结晶过程中石墨化程度的不同，铸铁可分为白口铸铁、灰口铸铁和麻口铸铁。白口铸铁具有莱氏体组织而没有石墨，即全部碳均以渗碳体的形式存在；灰口铸铁中没有莱氏体，碳主要以石墨的形式存在。灰口铸铁的组织是由基体和石墨所组成，其性能由基体和石墨两方的特点来决定。

在灰口铸铁中，由于石墨的强度和塑性几乎等于零，可以把这种铸铁看成布满裂纹或空洞的纯铁或钢，所以其抗拉强度与塑性远比钢低。且石墨数量越多，尺寸越大或分布越不均匀，则对基体的削弱割裂作用越大，铸铁的性能也就越差。

根据石墨化第三阶段发展程度的不同，灰口铸铁有三种不同的基体组织，即珠光体、珠光体+铁素体和铁素体。铁素体基体的铸铁韧性最好，而以珠光体为基体的铸铁的抗拉强度最高。

按照石墨的形状，铸铁大致分为以下几种。

（1）灰铸铁：一般灰铸铁中石墨呈粗大片状，如图 3-24 所示。在铸铁浇注前往铁水中加入孕育剂增多石墨结晶核心时，石墨以细小片状的形式分布，这种铸铁称为孕育铸铁。一般灰铸铁的基体可以有珠光体、铁素体和珠光体＋铁素体等三种。孕育铸铁的基体多为珠光体。

（2）球墨铸铁：在铁水中加入球化剂，浇注后石墨呈球形析出，大大削弱了对基体的割裂作用，使铸铁的性能显著提高。球墨铸铁的基体有铁素体、珠光体、铁素体+珠光体三种。图 3-25 为球墨铸铁的显微组织。

 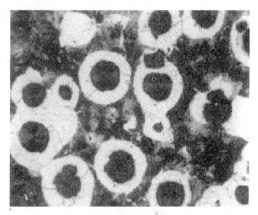

图 3-24 灰铸铁的显微组织　　　　　　图 3-25 球墨铸铁的显微组织

（3）可锻铸铁：可锻铸铁又称为展性铸铁，它是由白口铸铁经石墨化退火处理而得到的。其中的石墨呈团絮状，显著地减弱了对基体的割裂作用，使铸铁的力学性能与普通灰铸铁相比有明显提高（图 3-26）。

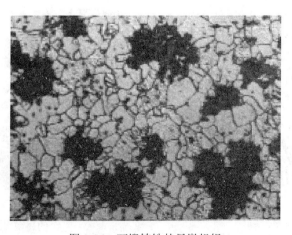

图 3-26 可锻铸铁的显微组织

4. 几种常用有色金属的显微组织

1）铝合金

铝硅合金是应用最广泛的一种铸造铝合金，常称为硅铝明，典型的牌号为铝合金 ZL102，硅质量分数为 11%～13%，从 Al-Si 合金相图（图 3-27）可知，其成分在共晶点附近，因而具有优良的铸造性能，即流动性好，产生铸造裂纹的倾向小，但铸造后得到的组织是粗大针状的硅晶体和 α 固溶体所组成的共晶体及少量呈多面体状的初生硅晶体（图 3-28）。

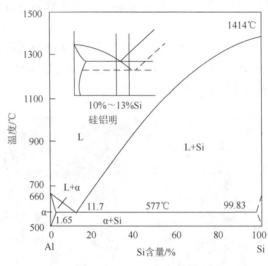

图 3-27　Al-Si 合金相图

粗大的硅晶体极脆，严重地降低了合金的塑性和韧性。为了改善合金性能，可采用变质处理。即在浇注前在合金液体中加入占合金质量 2%～3%的变质剂（常用 2/3NaF＋1/3NaCl 的钠盐混合物）。由于钠能促进 Si 的生核，并能吸附在硅的表面阻碍它长大，使合金组织大大细化，同时使共晶点右移，原合金成分变为亚共晶成分，所以变质处理后的组织由初生 α 固溶体和细密的共晶体（α+Si）组成。共晶体中的硅细小（图 3-29），因而使合金的强度与塑性显著改善。

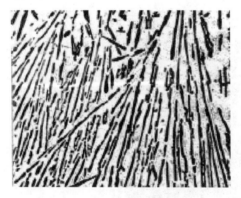

图 3-28　Al-Si 合金（未变质处理）
的显微组织

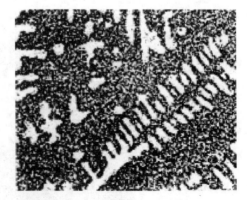

图 3-29　Al-Si 合金（变质处理后）
的显微组织

2）铜合金

最常用的铜合金为黄铜（Cu-Zn 合金）和青铜（Cu-Sn 合金）。由铜-锌合金相图（图 3-30）可知，质量分数小于 36%的黄铜的组织为单相 α 固溶体，这种黄铜称为 α 黄铜或单相黄铜。单相黄铜 H70 经变形及退火后，其 α 晶粒呈多边形，并有大量退火孪晶（图 3-31）。单相黄铜具有良好的塑性，可进行各种冷变形。质量分数为 36%～45%的黄铜具有 α+β'两相组织，称为双相黄铜。双相黄铜 H62 的显微组织中，α 相呈亮白色，β'相为黑色（图 3-32）。β'相是以 CuZn 电子化合物为基的有序固溶体，在低温下较硬、较脆，但在高温下有较好的塑性，所以双相黄铜可以进行热压力加工。

3）轴承合金

巴氏合金是轴承合金中应用较多的一种。锡基巴氏合金中锡、锑、铜的质量分数分别为 83%、11%和 6%。合金的组织中主要有以 Sb 溶于 Sn 中的 α 固溶体为软基体和以 Sn-Sb 为基的有序固溶体 β'相为硬质点。同时，为了消除由于 β'相密度小而易上浮所造成的比重偏析、在合金中特地加入 Cu 形成 Cu_6Sn_5。Cu_6Sn_5 在液体冷却时最先结晶成树枝状晶体，能阻碍 β'上浮，因而使合金获得较均匀的组织。如图 3-33 所示为巴氏合金的显微组织，暗黑色基体为软的 α 相，白色方块为硬的 β'相，而白色枝状析出物则为 Cu_6Sn_5，也起硬质点作用。这种软基体硬质点混合组织能保证轴承合金具有必要的强度、塑性和韧性以及良好的抗振减摩性能等。

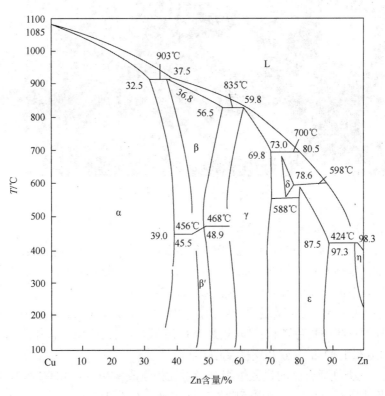

图 3-30　铜-锌合金相图

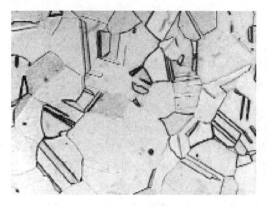

图 3-31　单相黄铜的显微组织　　　　　　　图 3-32　双相黄铜的显微组织

图 3-33　轴承合金的显微组织

4）金属陶瓷（硬质合金）及纤维增强树脂的显微组织

以粉末冶金工艺制得的 WC-Co 及 WC-TiC-Co 等类合金称为金属陶瓷，也称硬质合金，其制造过程包括制粉、混料、成型、烧结等工艺，与普通陶瓷的制造工艺相似。

几种硬质合金的化学成分、硬度及用途如表 3-19 所示。

WC-Co 类硬质合金的显微组织一般由两相组成：WC+Co 相。WC 为三角形、四边形及其他不规则形状的白色颗粒；Co 相是 WC 溶于 Co 内的固溶体，作为黏接相，呈黑色。随着含 Co 量的增加，Co 相增多（图 3-34）。

WC-TiC-Co 类硬质合金的显微组织一般由三相组成：WC+Ti 相+Co 相。WC 为三角形、四边形及其他不规则形状的白色颗粒，Ti 相是 WC 溶于 TiC 内的固溶体，在显微镜下呈黄色；Co 相是 WC、TiC 溶于 Co 内的固溶体，作为黏接相，呈黑色（图 3-35）。

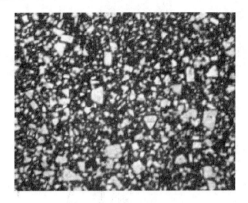

图 3-34　YG3 的显微组织　　　　　　　　　图 3-35　YT14 的显微组织

表 3-19　常用工程材料的显微组织观察

种类	牌号	化学成分/%			硬度/HRA	用途
		WC	TiC	Co		
钨钴类	YG3	97	—	3	91	刀具
	YG6	94	—	6	89.5	刀具、耐磨件、拉丝模
	YG15	85	—	15	87	高韧性耐磨件、模具
钨钛钴类	YT5	85	5	10	89.5	粗加工刀具
	YT14	78	14	8	90.5	粗加工刀具
	YT30	66	30	4	92.5	精加工刀具

金属陶瓷硬质合金熔点高、硬度很高，具有高的耐磨性及热硬性，可用于制造刀具、耐磨零件或模具。金属陶瓷硬质合金属于颗粒复合材料。

纤维增强树脂是一种纤维复合材料。韧性好的树脂作为基体，可阻碍材料中裂纹的扩展。纤维的抗拉强度高，主要承受外加载荷的作用。玻璃纤维增强环氧树脂复合材料的显微组织为玻璃纤维＋环氧树脂。在显微镜下可观察到纤维的编织形态及断面形状如图 3-36 和图 3-37 所示。

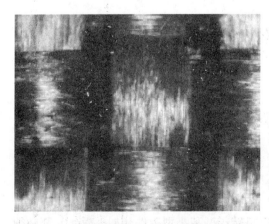

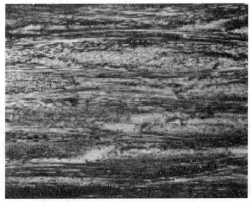

图 3-36　玻璃纤维增强树脂表面的显微组织　　　图 3-37　玻璃纤维增强树脂断面的显微组织

【实验设备和材料】

（1）XJP-3A、XJP-2 型倒置金相显微镜；
（2）金相试样一组（见表 3-20）。

【实验内容】

（1）观察表 3-20 所列样品的显微组织。
（2）画出各种样品的显微组织示意图，并标明各种组织组成物的名称。
（3）说明各种样品的显微组织的特点。

表 3-20　样品材料及处理工艺

样品序号	材料名称	处理工艺	浸蚀
1	W18Cr4V	1280℃油淬 560℃三次回火	4%硝酸酒精
2	1Cr18Ni9	固溶处理	王水溶液
3	Al-Si 合金	铸造（未变质处理）	0.5%HF 水溶液
4	Al-Si 合金	铸造（经变质处理）	0.5%HF 水溶液
5	α 黄铜	退火状态	3%FeCl₃+10%HCl 的水溶液
6	α+β'黄铜	退火状态	3%FeCl₃+10%HCl 的水溶液
7	灰铸铁	铸态	4%硝酸酒精
8	球墨铸铁	铸态	4%硝酸酒精
9	可锻铸铁	可锻化退火	4%硝酸酒精
10	轴承合金	铸态	4%硝酸酒精
11	YG3	粉末冶金烧结	三氯化铁盐酸溶液腐蚀 1 分钟，水洗后于 20%氢氧化钾+20%铁氰化钾水溶液中腐蚀 3min
12	玻璃纤维增强树脂板	纤维编织后树脂固化	清除表层树脂，横断面抛光

【实验报告要求】

一、实验目的及内容
二、实验使用的仪器设备
三、画出所观察的显微组织示意图，标明材料名称、状态、组织、放大倍数，并将组织组成物名称以箭头引出标明。
四、思考题
（1）合金钢与碳钢比较组织上有什么不同，性能上有什么差别，使用上有什么优越性？
（2）为什么工业上的大构件（如大型发电机转子）和小型工件（如小板牙）都必须

采用合金钢制造？

　　（3）高速钢（W18Cr4V）的热处理工艺是如何进行的？有何特点？

　　（4）铸造 Al-Si 合金的成分是如何考虑的，为何要进行变质处理，变质处理与未变质处理的 Al-Si 合金组织与性能有何变化？

　　五、小结及建议

实验九　热处理综合实验

【实验目的】

（1）根据材料成分与组织性能的关系，制订合理的热处理工艺，掌握热处理操作过程。

（2）加深对不同热处理工艺将获得不同硬度及金相组织的理解。

（3）了解常用热处理设备及温度控制方式。

【实验内容】

1. 2024 铝合金的固溶淬火及时效

（1）制定固溶淬火及时效工艺（包括自然时效和人工时效）；

（2）制定获得 2024 过烧组织的工艺；

（3）分析比较自然时效和人工时效时，时效硬化规律的异同点；

（4）分析正常淬火组织和过烧组织的特点，并画出示意图；

（5）硬度测试采用 HB（ϕ5mm 钢球，250kgf/30s）。

2. 7075 铝合金的淬火及时效

（1）制定固溶淬火及时效工艺（包括单级时效和双级时效）；

（2）比较单级时效和双级时效时硬度变化特点；

（3）分析淬火组织的特点，并画出示意图；

（4）硬度测试采用 HB（ϕ5mm 钢球，250kgf/30s）。

3. QBe2 铍青铜淬火及时效

（1）制定 QBe2 固溶淬火及时效工艺；

（2）测定时效硬化曲线；

（3）比较原始态、淬火态及时效后硬度变化规律；

（4）制订产生不连续脱溶的时效工艺；

（5）观察固溶淬火、时效组织并比较不连续脱溶组织与正常时效组织的特点；

（6）硬度测试采用 HV。

4. H68 黄铜的退火

（1）制定 H68 黄铜退火工艺；

（2）测定 H68 黄铜退火温度与硬度变化规律；

（3）比较不同退火温度与晶粒大小（与标准图谱比较）的关系；

（4）比较原始态（变形态）组织及退火态组织的特点；

（5）硬度测试采用 HB（ϕ5mm 钢球，250kgf/30s）。

5. 碳钢的退火与正火

材料：工业纯铁、20 钢、45 钢、T8 钢、T12 钢。

要求：

（1）制订退火及正火工艺；

（2）比较不同含碳量对退火组织及硬度的影响；

（3）比较不同含碳量对正火组织及硬度的影响；

（4）硬度测试采用 HRB 或 HB（ϕ1.588 钢球或 ϕ5 钢球，250kgf/30s）。

6. 碳钢的淬火

材料：20 钢、45 钢、T8 钢、T12 钢。

要求：

（1）制定淬火工艺；

（2）分析不同含碳量对淬火组织及硬度变化的影响规律；

（3）硬度测试采用 HRC（金刚石压头，150kgf/10s）。

7. 钢的淬火及回火

材料：45 钢、T10 钢和轴承钢 GCr15（含 0.95%～1.0%C）。

要求：

（1）制定淬火及回火工艺；

（2）分析比较三种钢的淬火及回火组织；

（3）研究不同温度回火时硬度变化规律；

（4）硬度测试采用 HRC。

8. T12 和 GCr15 钢的球化退火

（1）制定球化退火工艺及 T12 普通退火工艺；

（2）比较普通退火和球化退火组织及硬度的差异；

（3）比较普通球化退火和等温球化退火组织及硬度的差异；

（4）硬度测试采用 HRB 或 HB。

9. 20CrMnTi 钢渗碳

材料：20CrMnTi 钢，采用固体渗碳（渗碳剂为木炭、碳酸钡和碳酸钠）。

要求：

（1）制定渗碳工艺；

（2）分析渗碳后缓冷从表面至中心部分的显微组织；

（3）制定渗碳后 20CrMnTi 钢的热处理工艺；

（4）测定从渗层到中心硬度变化规律；

（5）硬度测试采用 HV。

【实验组织和程序】

（1）每班可分为 8 ～ 9 组，每组人数 3～4 人，任选上述实验内容中的有色合金和钢的热处理实验各 1 项。

（2）要求每组学生自己查阅资料，拟定实验方案，经教师审批后进行实验。

（3）实验后由教师组织学生进行交流、讨论和总结。

【实验报告要求】

（1）写出实验名称与实验方案（包括整体方案和本人负责部分的方案）。

（2）记录实验数据及总结实验结果。

（3）分析实验结果的规律性。

（4）显微组织均需画出示意图，并进行说明和比较。

（5）小结及建议

实验十　高分子材料的力学性能特点研究

【实验目的】

（1）了解微型材料实验机的构造和适用范围，学会微型材料实验机的使用。

（2）掌握高分子材料的力学性能特点。

【原理】

高分子材料的力学性能与金属材料相比有很大的不同。高聚物的强度平均为100MPa，比金属低得多，但由于其密度小，许多高聚物的比强度还是很高的。高聚物的弹性变形量大，可达到 100%～1000%，而一般金属材料只有 0.1%～1.0%。其强度主要受温度和变形速度的影响。随着温度的升高，高聚物的力学状态发生变化，在脆化温度 T_b 以下，高聚物处于硬玻璃态；在 T_b～T_c 处于软玻璃态；在略高于 T_g 时处于皮革态；在高于 T_g 较多时处于橡胶态；在接近于黏流温度 T_f 时处于半固态。相应地，高聚物的性能由硬脆、强韧、柔软发生变化。有机玻璃具有这类典型的变化规律。载荷作用的时间影响转变过程。作用较慢时，分子链来得及发生位移，呈韧性状态。低速拉伸时强度较低，伸长率较大，发生韧性断裂。加载速度较高时，链段来不及运动，表现出脆性行为。

高聚物的弹性模量低，为 2～20MPa，一般金属材料为 10^3～$2×10^5$MPa。高聚物由许多很长的分子组成，加热时分子链的一部分受热，其他部分不会受热或少受热，因此材料不会立即熔化，而先有一软化过程，所以表现出明显的塑性。处于高弹态的橡胶，在温度较低和分子量很高时表现出这样的特性。处于玻璃态的塑料（如聚乙烯等热塑性塑料），当温度较高时也具有这样的性能。高聚物的内在韧性较好，即在断裂前能吸收较大的能量。但是由于强度低，高聚物的冲击韧性比金属小得多，仅为金属的百分之一左右。

由于高分子材料的强度较低，在测定高分子材料板材、棒材的强度、塑性等力学性能时采用小型材料试验机，在测定高分子材料薄膜的力学性能时采用微型材料实验机。

MiniMAT2000 微型材料实验机用于高分子材料、纤维、薄膜和复合材料的应力-应变、应力松弛和蠕变实验。测试全过程微机控制，精度高。测试结果自动记录、测试数据自动处理和分析，便于网络传输。

其主要技术指标包括以下几项。

负载范围：20～1000N；

步进电机速度：0.01～99.99mm/min；

夹头行程：100mm；

样品最大宽度：25mm。

MiniMAT2000 微型材料实验机操作规程：

（1）检查电源，确保仪器在规定电压（220V，50Hz）及规定接线下工作，接通电源；

（2）打开计算机在 WIN95 下运行 MiniMAT 控制软件；

（3）选择载荷梁；

（4）接通微型材料实验机电源，手动调节夹头间距到大致试样长度位置，并按要求正确安装试样；

（5）选择实验参数、实验模式；

（6）运行实验，有关信息可在在线帮助中查找；

（7）存储和输出实验数据；

（8）分析和整理数据表格及图形；

（9）实验完毕关闭软件及电源。

MiniMAT2000 微型材料实验机操作注意事项：实验前应检查限位开关位置正确，并确保固定；压缩实验时，请勿过载，否则会增大负载梁破坏的危险。

【实验内容】

（1）了解微型材料实验机的构造和适用范围，学习微型材料实验机的使用。

（2）用微型材料实验机测定高分子材料薄膜的应力-应变曲线。

【实验报告要求】

（1）简述微型材料实验机的操作过程。

（2）附上所测定的高分子材料薄膜的应力-应变曲线图。

（3）简述高分子材料的力学性能特点。

习题参考答案

第 一 章

一、填空

1. 密度；熔点；导热性；导电性；粒度；沸点
2. 微量塑性变形；最大塑性变形；弹性变形
3. 长试样；短试样；$l_0 = 10d_0$；$l_0 = 5d_0$
4. 布氏硬度；洛氏硬度；维氏硬度
5. R_{eL}；R_m；A；Z；HR；HBW；HV；KV_2
6. 洛氏；布氏；维氏
7. KV_2；J 或 kJ
8. 断面收缩率；延伸率；延伸率
9. 铸造；锻压；焊接；热处理

二、判断题

1.× 2.× 3.× 4.× 5.√ 6.× 7.√ 8.× 9.× 10.√ 11.× 12.× 13.√ 14.√
15.√ 16.× 17.√ 18.√ 19.√ 20.√ 21.√ 22.× 23.√ 24.× 25.×

三、选择题

1.B 2.A 3.C 4.D 5.A 6.D 7.B 8.D 9.D 10.D 11.A 12.A 13.B 14.C 15.B

四、简答题（略）

第 二 章

一、填空题

1. 离子键；共价键；金属键；分子键
2. 金属键
3. 空间规则有序排列
4. 体心立方晶格
5. 面心立方晶格
6. （110）；<111>；（111）；<110>
7. 2；4；6
8. （112）、（121）、（211）、（$\bar{1}$12）、（$\bar{1}$21）、（$\bar{2}$11）；[110]、[101]、[011]、[$\bar{1}$10]、[1$\bar{1}$0]、[$\bar{1}$01]、[10$\bar{1}$]、[01$\bar{1}$]、[0$\bar{1}$1]
9. 空位；间隙原子、置换原子；晶界
10. 晶界；亚晶界
11. 线

12. 刃型位错；螺型位错；刃型
13. 形核；长大
14. 控制过冷度；变质处理；振动、搅拌等方法
15. 细晶区；柱状晶区；等轴晶区
16. 过冷度
17. 低于；过冷现象
18. 细小
19. 大；细小；高；好
20. 结晶；同素异构转变

二、判断题

1. √　2. ×　3. √　4. ×　5. ×　6. √　7. √　8. ×　9. ×　10. ×　11. ×　12. √　13. ×　14. √
15. ×　16. √　17. ×　18. ×　19. ×

三、选择题

1. C　2. C　3. B　4. B　5. D　6. B　7. D　8. C　9. B　10. A　11. C　12. B　13. C　14. D　15. B
16. B　17. A　18. A　19. A　20. B　21. C　22. A　23. B　24、C　25. B　26. C　27. A

四、简答题（略）

第 三 章

一、填空题

1. 高；大
2. 升高
3. γ - Fe
4. α - Fe
5. 间隙化合物；3:3
6. 强度低、硬度低、塑性好
7. 硬度高、强度低、塑性为 0
8. 铁素体与渗碳体
9. 一定成分的液相在某一温度下结晶成两个成分一定的固相；L→（α + β）
10. 一定成分的固相在某一温度下析出两个成分一定的固相；γ→（α + β）
11. 珠光体（P）
12. 越多
13. 降低
14. 增加
15. 20
16. 越好
17. 越小
18. 越大
19. 要大
20. 相；组织；合金

21. 高熔点

22. 单相奥氏体

23. 低；高

24. 珠光体；铁素体和渗碳体

25. 变大

二、选择题

1. D　2. D　3. B　4. C　5. D　6. A　7. B　8. A　9. B　10. C　11. C　12. A　13. B　14. D　15. A
16. C　17. A　18. B　19. A　20. B　21. B　22. D　23. C　24. A　25. A　26. B　27. B　28. C
29. B　30. D　31. D　32. B　33. A　34. D　35. D

三、判断题

1. √　2. ×　3. √　4. ×　5. ×　6. ×　7. √　8. √　9. ×　10. ×　11. √　12. ×　13. √　14. ×
15. ×　16. ×　17. √　18. ×　19. ×　20. ×　21. ×　22. √　23. ×

四、简述题（略）

五、综合题（略）

第　四　章

一、填空题

1. 滑移面上的位错运动

2. {110}；〈111〉；12

3. 12；{110}×6、〈111〉×2；12；{111}×4、〈110〉×3；3

4. 位错；固溶；第二相；细晶

5. 滑移；孪生

6. 细；粗

7. 晶界；晶粒位向

8. 加工硬化

9. 回复与再结晶；再结晶；再结晶后晶粒长大

10. 加热温度；预先冷变形度；材料的纯度

11. 再结晶温度；冷；热

12. 冷变形金属发生再结晶的最低温度；$T_{再} \approx 0.4 T_{熔}(K)$

13. 固溶强化；第二相强化；细晶强化；位错强化

14. 降低；减小；回复阶段；降低；减小；再结晶

15. 经过大量塑性变形后产生的断裂；未发生明显塑变而产生的断裂

二、选择题

1. A　2. B　3. D　4. D　5. C　6. B　7. B　8. B　9. D　10. D　11. B　12. A　13. A　14. A　15. A
16. D　17. C　18. B　19. A　20. D　21. B　22. A　23. C　24. B、D

三、判断题

1. ×　2. ×　3. ×　4. √　5. √　6. ×　7. ×　8. √　9. ×　10. ×　11. √　12. ×　13. √　14. ×

15. ×

四、简述题（略）

第 五 章

一、填空题

1. 奥氏体晶核形成；奥氏体晶核长大；残余渗碳体溶解；奥氏体均匀化
2. 冷却速度
3. 珠光体（P）
4. 索氏体（S）
5. 屈氏体（T）
6. 上贝氏体（$B_上$）
7. 下贝氏体（$B_下$）
8. $A_{c3} + 30\sim50℃$
9. $A_{c1} + 30\sim50℃$
10. 固溶体；体心正方
11. 强度；塑性；韧性；碳含量；马氏体板条
12. 高于奥氏体；变大
13. 低；多
14. 等温；综合力学
15. 低
16. 调质
17. 铬；镍；硅；杂质元素；快；W；脆性温区回火后快冷
18. 低温
19. 低温
20. 高温
21. 中温
22. 增大
23. 右
24. 慢；靠右
25. 珠光体；贝氏体；马氏体
26. 随炉缓慢冷却；完全退火；等温退火；扩散退火
27. $930\pm10℃$；8
28. 珠光体；铁素体；渗碳体；片状；层片状
29. C 形状；"C"曲线；TTT 曲线
30. 淬火
31. 回火马氏体；硬度；耐磨性；回火屈氏体；弹性极限；回火索氏体；强度；韧性
32. 屈服；抗拉
33. 变形；开裂；
34. 电磁感应加热；由高频电流的集肤效应
35. $200\sim300K$；$2.5\sim8K$；50
36. $2\sim3HRC$；细隐晶马氏体

37. 介质的分解；表面吸收；原子扩散

38. 固体渗碳；气体渗碳

39. 0.15%～0.3%；硬度；残余奥氏体

二、选择题

1. D、A 2. A 3. C 4. B 5. B 6. C 7. D 8. D 9. A 10. C、C 11. D 12. A 13. D 14. B 15. B 16. A 17. A 18. C 19. C 20. B 21. C 22. A 23. C 24. A 25. A、A+C、A+B 26. C 27. B 28. A 29. B 30. C 31. B 32. C 33. D 34. B 35. A、C 36. D 37. B 38. C

三、判断题

1. √ 2. √ 3. √ 4. × 5. √ 6. √ 7. × 8. √ 9. × 10. √ 11. √ 12. √ 13. × 14. × 15. √

四、综述题（略）

第 六 章

一、填空题

1. 0.77%

2. 淬火+高温回火

3. 普通碳素钢；优质碳素钢；高级优质碳素钢；S；P

4. 回火屈氏体

5. 碳含量的万分之六十（0.6%）

6. 0.8%

7. 硅；锰；硫；磷

8. 低碳钢；0.2%；中碳钢；0.45%；高碳钢；1.2%

9. 正火

10. 低温

11. 硅铁和硅钙合金

12. 小

13. 团絮状

14. 球状

15. 大

16. 热脆；冷脆

17. 片状

18. 最低抗拉强度

19. 延伸率

20. 最低抗拉强度为 700MPa

21. 可锻珠光体铸铁

22. 碳化物；游离态石墨

23. 铸铁液态结晶出一次石墨，形成共晶石墨；奥氏体析出二次石墨；通过共析反应析出共析石墨

24. 珠光体；铁素体；珠光体+铁素体

25. 铸造纯白口铸铁；长时间的石墨化退火

二、选择题

1. C　2. B　3. D　4. C　5. C　6. C　7. D　8. A　9. C　10. D　11. C　12. C　13. A　14. C　15. B
16. A、A　17. A、B　18. C、A　19. B、C　20. C、C　21. A　22. B、B　23. B、A　24. A　25. C
26. B　27. B　28. C　29. C　30. A　31. B　32. B　33. C　34. C　35. B　36. A

三、判断题

1. √　2. √　3. ×　4. ×　5. ×　6. √　7. ×　8. ×　9. ×　10. √　11. ×　12. √

四、简述题（略）

五、工艺分析题（略）

第 七 章

一、填空题

1. 回火脆性

2. 1%

3. 平均碳含量的万分之四十，即 0.4%

4. 0.38%；0.42%

5. 13%；1.5%

6. 高温强度

7. 0.9%

8. 碳含量为 0.3%

9. 低合金；中合金；高合金；<5%；5%～10%；>10%

10. 碳化物形成元素；非碳化物形成元素；Ti、Zr、Nb、V、Mo 等

11. 合金结构钢；合金工具钢；特殊性能钢

12. Co；右；降低；提高

13. Ni、Mn、C、N

14. Cr、V、Mo、W、Ti

15. Mn；P

16. Co；Al；升高；碳化物；升高

17. Cr、Ni；加合金元素 W、Mo；降低冷却速度

18. Mo、Mn、Cr、Ni、Si；Cr；微量 B

19. 固溶；细晶；第二相；马氏体相变；马氏体相变；回火后的

20. 0.3%～0.5%；提高淬透性和提高回火稳定性；防止第二类回火脆性

21. 调质；0.4%；1%；曲轴、活塞销、连杆、齿轮等

22. 刃具钢；模具钢；量具钢

23. 击碎铸态组织中粗大的鱼骨状共晶碳化物；使残余奥氏体充分转变为回火马氏体；出现二次硬化；回火马氏体＋合金碳化物＋少量残余奥氏体

24. 合金渗碳；固溶强化，提高淬透性；形成细小碳化物，细化铁素体晶粒；渗碳＋淬火＋低温回火

25. 高速；0.7%～0.8%；提高热硬性并增加耐磨性；提高淬透性并提高回火稳定性；细化晶粒并

提高耐磨性；刀具、钻头等

二、选择题

1. D 2. A 3. C 4. C 5. D 6. C 7. D 8. A 9. B 10. D 11. C 12. C 13. A 14. B 15. C
16. C 17. D 18. B 19. C、D 20. C 21. B 22. D

三、判断题

1. × 2. √ 3. × 4. × 5. √ 6. × 7. × 8. × 9. × 10. × 11. × 12. √

四、简述题（略）

五、工艺分析题（略）

第 八 章

一、填空题

1. 形变铝合金；铸造铝合金
2. 热处理能强化；热处理不能强化
3. 自然时效；人工时效
4. 黄铜；青铜；白铜
5. 锌
6. 固溶；时效；再结晶退火
7. 铝硅；铝铜；铝镁；铝锌
8. 黄铜；Cu；62%
9. 锡青铜；Sn 的含量
10. 锡青铜；铝青铜；铍青铜
11. 标准硬铝；Cu-Mg-Zn；螺旋桨叶片和铆钉
12. 超硬铝；Al-Mg-Zn-Cu；飞机上受力较大的构件，鱼雷的外壳
13. 防止应力腐蚀开裂
14. α-Ti；β-Ti
15. α 钛合金；β 钛合金；（α＋β）钛合金

二、判断题

1. × 2. √ 3. × 4. × 5. × 6. × 7. √ 8. × 9. × 10. ×

三、选择题

1. C 2. D 3. C 4. A 5. A 6. B 7. C 8. B；E；D 9. B 10. B

四、简答题（略）

第 九 章

一、填空题

1. C、H、O；碳链有机聚合物；杂链有机聚合物；元素有机聚合物

2. 线型；支链型；体型；线型；体型

3. 非晶态；片晶结构；伸直链晶体结构

4. 玻璃态；高弹态；黏流态

5. 低；好；低

6. 大分子的交联；大分子的裂解

7. 合成树脂；合成橡胶；合成纤维

8. 热塑性塑料；热固性塑料；通用塑料；工程塑料；特种塑料

9. 丁苯橡胶；丁腈橡胶；氯丁橡胶

10. 输油管、耐油密封圈、油箱、印刷胶辊

二、选择题

1. A　2. D　3. C　4. B　5. C　6. B　7. A　8. B　9. C　10. D　11. B　12. A

三、判断题

1. ×　2. √　3. ×　4. √　5. ×　6. ×

四、综合分析题（略）

第 十 章

一、填空题

1. 玻璃；陶瓷；玻璃陶瓷

2. 原料的制备；坯料的成形；制品的烧成或烧结

3. 共价键；离子键

4. 黏土；石英；长石；晶体相；玻璃相；气相

5. 刀具；模具；轴承

6. 高；大；高

7. 高的；较好的；坩埚、热电偶套管及内燃机的火花塞

8. 氧化物；碳化物；氮化物；硼化物；硅化物；共价键；离子键

二、选择题

1. C　2. D；B；B　3. B；C；A；D　4. A　5. F；BCDG　6. C；A；B；D

三、判断题

1. √　2. √　3. √　4. √　5. √　6. √　7. √

四、综合分析题（略）

第 十 一 章

一、填空题

1. 基体；增强；增强；性能；含量；分布状况；其与基体的界面结合情况

2. 承力和次承力结构；玻璃钢

3. 玻璃纤维；碳纤维；有机纤维；金属纤维；陶瓷显微

4. 增强相；强度；模量

5. 基体主要承载载荷；颗粒阻碍集体的位错运动

6. 比强度；比模量

7. 聚合物；陶瓷；碳；水泥

8. 玻璃纤维；树脂；热塑性；热固性

9. 碳纤维；抗热冲击和抗热诱导能力；耐烧蚀材料；1700

10. 高；高；好

11. 玻璃纤维；碳纤维；硼纤维；碳化硅纤维

12. 长；小；40%～70%

二、选择题

1. B 2. A；C；B 3. C；A 4. A

三、判断题

1. √ 2. √ 3. × 4. ×

四、综合分析题（略）

第 十 四 章

一、填空题

1. 变形失效；断裂失效；表面损伤失效

2. 塑性断裂失效；低应力脆性断裂失效；疲劳断裂失效；蠕变断裂失效；介质加速断裂失效

3. 固溶强化；加工硬化；第二相强化；细晶强化；相变强化；复合强化

4. 物理；化学；可靠性

5. 细化晶粒；调整化学成分；形变热处理；低碳马氏体强韧化；下贝氏体强韧化；表面强化

6. 材质选择有误

二、判断题

1. √ 2. √ 3. × 4. √ 5. × 6. × 7. × 8. ×

三、选择题

1. D；A；B；C 2. D；A；B；C 3. A；B；B 4. B 5. C 6. D 7. C 8. C 9. C

四、简答题（略）

主要参考文献

初福民. 2003. 机械工程材料实验与习题. 北京：机械工业出版社.

范群成，田明波. 2005. 材料科学基础学习辅导. 北京：机械工业出版社.

樊湘芳，叶江，吴炜. 2013. 机械工程材料学习知道与习题集精解. 长沙：中南大学出版社.

高聿为，王世刚，鞠刚. 2009. 机械工程材料教程辅助教材. 哈尔滨：哈尔滨工程大学出版社.

姜江. 2011. 机械工程材料学习指导（习题与实验）. 3版. 哈尔滨：哈尔滨工业大学出版社.

彭成红. 2013. 机械工程材料综合实验. 广州：华南理工大学出版社.

邱平善，王世刚，鞠刚. 2001. 工程材料辅导教材. 哈尔滨：哈尔滨工程大学出版社.

吴晶，戈晓岚，纪嘉明. 2006. 机械工程材料实验指导书. 北京：化学工业出版社.

谢希文，岳锡华. 1987. 金属学实验. 上海：上海科学技术出版社.

郑明新，朱张校，姚可夫. 2011. 工程材料习题与辅导. 5版. 北京：清华大学出版社.

朱张校，姚可夫. 2011. 工程材料. 5版. 北京：清华大学出版社.

附录　常用化学浸蚀剂

编号	名称	成分	适用范围
1	硝酸酒精溶液	HNO₃（1.4）　　1～5ml 酒精　　　　　100ml 含一定量的水可加速浸蚀，而加入一定量甘油可延缓浸蚀作用。 HNO₃含量增加浸蚀加剧，但选择性腐蚀减少	碳钢及低合金钢： ①珠光体变黑，增加珠光体区域的衬度； ②显示低碳钢中铁素体晶粒界； ③能显示硅钢片的晶粒； ④能识别马氏体和铁素体； ⑤显示铬钢的组织
2	苦味酸酒精溶液	苦味酸　　　　4g 酒精　　　　　100ml	碳钢及低合金钢： ①能清晰显示珠光体、马氏体、回火马氏体、贝氏体； ②能显示淬火钢的碳化物； ③能识别珠光体与贝氏体
3	盐酸苦味酸酒精溶液	HCl　　　　　5ml 苦味酸　　　　1g 酒精　　　　　100ml	①能显示淬火回火后的原奥氏体晶粒； ②显示回火马氏体组织 （显示回火组织需要15min左右）
4	氯化铁盐酸水溶液	FeCl₃　　　　5g HCl　　　　　50ml H₂O　　　　　100ml	显示奥氏体不锈钢组织
5	硝酸酒精溶液	HNO₃　　　　5～10ml 酒精　　　　　95～90ml	显示高速钢组织
6	过硫酸铵水溶液	(NH₄)₂S₂O₈　　10g H₂O　　　　　90ml	纯铜、黄铜、青铜、铝青铜、Ag-Ni合金
7	氯化铁盐酸水溶液	FeCl₃　　　　5g HCl　　　　　10ml H₂O　　　　　100ml	同6（黄铜中β相变黑）
8	氢氧化钠水溶液	NaOH　　　　1g H₂O　　　　　10ml	铝及铝合金
9	苦味酸水溶液	苦味酸　　　　100g H₂O　　　　　150ml 适量海鸥牌洗净剂	碳钢、合金钢的原奥氏体晶界
10	碱性苦味酸钠水溶液	苦味酸　　　　2g 苛性钠　　　　25g H₂O　　　　　100ml	煮沸15min，渗碳体变黑色，铁素体不变色
11	氢氧化钠饱和水溶液	氢氧化钠饱和水溶液	显示铅基、锡基合金，20～120s
12	氯化铁乙醇水溶液	FeCl₃　　　　50g 乙醇　　　　　150ml H₂O　　　　　100ml	显示钢淬火后的奥氏体晶界
13	苦味酸乙醚水溶液	苦味酸　　　　200mg 乙醚　　　　　25ml H₂O　　　　　100ml	显示奥氏体晶粒
14	硝酸盐酸混合液	硝酸　　　　　10ml 盐酸　　　　　30ml	显示高合金钢、不锈钢的组织和晶界，用棉花擦拭5～60s